O acontecimento

FÓSFORO

ANNIE ERNAUX

O acontecimento

Tradução
ISADORA DE ARAÚJO PONTES

3ª reimpressão

Meu duplo desejo: que o
acontecimento se torne escrita.
E que a escrita seja acontecimento.

MICHEL LEIRIS

Talvez a memória não seja mais do
que olhar as coisas até o limite.

YŪKO TSUSHIMA

DESCI NA ESTAÇÃO BARBÈS. Como da última vez, um grupo de homens esperava debaixo do metrô elevado. As pessoas avançavam na calçada com sacolas rosa das lojas Tati. Peguei a avenida Magenta, reconheci a loja Billy, com anoraques pendurados do lado de fora. Uma mulher vinha na minha direção, usava meias pretas com desenhos que cobriam suas pernas grossas. A rua Ambroise-Paré estava praticamente deserta até os arredores do hospital. Segui o longo corredor de arcos do pavilhão Élisa. Da primeira vez, eu não tinha percebido o coreto no pátio que acompanha o corredor envidraçado. Eu me perguntava como veria tudo isso depois, quando fosse embora. Abri a porta 15 e subi os dois andares. Na recepção do serviço de exames, entreguei o cartão com o meu número. A mulher procurou numa pasta e retirou um envelope pardo que continha alguns documentos. Estendi a mão, mas ela não me entregou o envelope. Deixou-o sobre o balcão e me disse para sentar e esperar ser chamada.

A sala de espera se divide em duas seções contíguas. Escolhi a mais próxima da porta do médico, onde também havia mais gente. Comecei a corrigir as redações que tinha levado comigo.

Logo depois de mim, uma moça muito jovem, loira e de cabelo comprido, entregou seu número. Notei que também não lhe deram o envelope e que ela também seria chamada. Já estavam esperando, sentados um longe do outro, um homem de cerca de trinta anos, com trajes da moda e uma leve calvície, um jovem negro com um walkman, um homem de uns cinquenta anos, com o rosto marcado, afundado na cadeira. Depois da loira chegou um quarto homem, sentou com determinação, tirou um livro da maleta. Daí, um casal: ela, de legging, com uma barriga de grávida, ele de terno e gravata.

Não havia jornais na mesa, apenas folhetos sobre a necessidade de comer laticínios e "como viver sua soropositividade". A mulher do casal falava com seu companheiro, levantava-se, abraçava-o, acariciava-o. Ele permanecia quieto, imóvel, as mãos apoiadas em um guarda-chuva. A loira mantinha os olhos baixos, quase fechados, a jaqueta de couro dobrada sobre os joelhos, parecia petrificada. A seus pés estavam uma grande bolsa de viagem e uma pequena mochila. Fiquei me perguntando se ela tinha mais motivos para estar com medo do que os outros. Pode ser que tivesse vindo buscar o resultado antes de viajar no fim de semana, ou de voltar para a casa dos pais no interior. A médica saiu do consultório. Era uma jovem esguia e exuberante, de saia rosa e meias pretas. Chamou um número. Ninguém se mexeu. Era de alguém da seção ao lado, um garoto que passou tão rápido que só pude ver uns óculos e um rabo de cavalo.

O jovem negro foi chamado, depois mais alguns da outra seção. Com exceção da mulher do casal, ninguém falava nem se mexia. Só levantávamos os olhos quando a médica aparecia na porta do consultório ou quando alguém saía. Seguíamos a pessoa com o olhar.

O telefone tocou várias vezes, para consultas ou informações sobre horários. Numa delas, a recepcionista foi buscar um biólogo para responder a uma pessoa que tinha ligado. Ele disse, e depois repetiu, que "não, está num nível normal, completamente normal". Aquilo ecoava no silêncio. A pessoa do outro lado da linha com certeza era soropositiva.

Tinha acabado de corrigir minhas redações. Eu revia constantemente a mesma cena, embaçada, de um sábado e de um domingo de julho, os movimentos do amor, a ejaculação. Era por causa dessa cena, esquecida por meses, que eu estava ali. O enlace e a gesticulação dos corpos nus me soavam como uma dança da morte. Parecia que aquele homem, que eu havia aceitado rever com certa preguiça, tinha vindo da Itália só para me transmitir o vírus da Aids. No entanto, eu não conseguia ver a relação entre isso, os gestos, a tepidez da pele, do esperma, e o fato de estar ali. Pensei que nunca haveria nenhuma relação entre o sexo e outra coisa.

A médica chamou meu número. Antes mesmo que eu entrasse no consultório, ela me deu um largo sorriso. Tomei isso como um bom sinal. Fechando a porta, disse muito rápido, "negativo". Dei uma gargalhada. O que ela disse em seguida na consulta não me interessou. A médica tinha um ar alegre e cúmplice.

Desci a escada a todo vapor, refiz o caminho no sentido inverso sem olhar para nada. Eu dizia a mim mesma que tinha sido salva mais uma vez. Gostaria de saber se a moça loira também tinha. Na estação Barbès, as pessoas se amontoavam frente a frente nas plataformas, vez ou outra com sacolas rosa das lojas Tati.

Eu me dei conta de que tinha vivido esse momento no Hospital Lariboisière do mesmo modo que vivi a espera pelo veredito do dr. N., em 1963, com o mesmo horror e a mesma incredulidade. Minha vida se situa, então, entre a tabelinha e o preservativo de um franco vendido nas máquinas. É uma boa maneira de medi-la; mais segura que outras, para dizer a verdade.

EM OUTUBRO DE 1963, em Rouen, esperei mais de uma semana que minha menstruação descesse. Era um mês ensolarado e ameno. Eu me sentia pesada e pegajosa em meu casaco de inverno retirado cedo demais do armário, sobretudo quando eu estava dentro das lojas de departamento por onde flanava, comprava meias, à espera do retorno das aulas. Ao voltar para o meu quarto na cidade universitária, na rua d'Herbouville, tinha sempre a esperança de ver uma mancha na calcinha. Comecei a escrever na agenda todas as noites, em maiúsculas e sublinhado: NADA. Quando acordava de madrugada, logo sabia que não havia "nada". No ano anterior, na mesma época, eu tinha começado a escrever um romance, e isso me parecia tão distante, como se nunca mais fosse se repetir.

Certa tarde fui ao cinema ver um filme italiano em preto e branco, *O emprego*. Era lento e triste, a vida de um garoto em seu primeiro emprego, num escritório. A sala estava quase vazia. Vendo o corpo frágil, numa capa de chuva, de um funcionário menor, suas humilhações; diante da agonia sem esperanças do filme, eu soube que minha menstruação não desceria.

Numa noite, acabei aceitando ir ao teatro com umas moças da cidade universitária que tinham um ingresso a mais. Era *Entre quatro paredes* e eu nunca tinha visto uma peça contemporânea. A sala estava lotada. Olhava o palco, distante, violentamente iluminado, e não parava de pensar que minha menstruação não vinha. Só lembro da personagem de Estelle, loira com um vestido azul, e do Garoto vestido de lacaio, com os olhos vermelhos e sem pálpebras. Escrevi na agenda: "Formidável. Se ao menos eu não tivesse essa REALIDADE nas minhas entranhas".

No fim de outubro, parei de acreditar que ela poderia descer. Marquei uma consulta com um ginecologista, o dr. N., para o dia 8 de novembro.

No fim de semana do Dia de Todos os Santos, voltei para a casa dos meus pais, como de costume. Temia que minha mãe fizesse perguntas sobre o atraso. Tinha certeza de que ela olhava as minhas calcinhas todos os meses, quando separava a roupa suja que eu trazia para ser lavada.

Segunda-feira, acordei com o estômago embrulhado e um gosto estranho na boca. Na farmácia me deram Hepatoum, um líquido denso e verde que piorou meu enjoo.

O., uma garota da cidade universitária, propôs que eu desse aulas de francês no lugar dela no Instituto Saint-Dominique. Era uma boa oportunidade para ganhar um pouco de dinheiro além da bolsa de estudos. A diretora me recebeu, o *Lagarde et Michard** do século 16 na mão. Eu disse que nunca tinha dado

* Livro didático em dez volumes sobre literatura francesa da Idade Média até o século 21, lançado em 1948 e adotado nas escolas por décadas. (N.E.)

aula e que estava assustada. Era normal, e até ela, durante dois anos, só tinha conseguido entrar na sala de aula de filosofia com a cabeça baixa, olhando para o chão. Sentada em uma cadeira em frente à minha, ela encenava essa lembrança. Eu só conseguia prestar atenção em seu crânio coberto pelo véu. Saindo com o *Lagarde et Michard* que ela havia me emprestado, eu me vi na sala do primeiro ano do ensino médio diante das adolescentes e tive vontade de vomitar. No dia seguinte liguei para a diretora e recusei as aulas. Ela me pediu secamente que devolvesse o manual de literatura.

Sexta-feira, dia 8 de novembro, andando na direção da praça do Hôtel-de-Ville para pegar um ônibus e ir à consulta do dr. N. na rua La Fayette, cruzei com Jacques S., um estudante de letras, filho de um diretor de fábrica da região. Ele queria saber o que eu estava fazendo do outro lado do rio. Eu disse que estava com dor de estômago e que ia me consultar com um estomatologista. Ele me corrigiu categoricamente: o estomatologista não cuida do estômago, mas de infecções na boca. Temendo que ele suspeitasse de alguma coisa por causa da minha gafe e quisesse me acompanhar até a porta do consultório, me despedi de repente com a chegada do ônibus.

Bem no momento em que eu estava descendo da maca, com meu grande suéter verde caindo sobre as coxas, o ginecologista me disse que com toda a certeza eu estava grávida. O que eu achei que fosse um problema de estômago era náusea. De todo modo, ele me receitou algumas injeções para fazer a menstruação descer, mas não parecia acreditar que surtiriam efeito. Na porta, sorria com um ar jovial, "os filhos do amor são sempre os mais bonitos". Era uma frase horrorosa.

Voltei a pé para a cidade universitária. Na agenda, consta: "Estou grávida. Que horror".

No início de outubro, eu tinha transado várias vezes com P., um estudante de ciências políticas que havia conhecido durante as férias, e a quem depois visitara em Bordeaux. Sabia estar num período de risco segundo a tabelinha, mas não acreditava que aquilo poderia "pegar" no meu ventre. No amor e no gozo, não me sentia um corpo intrinsecamente diferente do corpo dos homens.

Todas as imagens da minha estadia em Bordeaux — o quarto na rua Pasteur com o barulho incessante dos carros, a cama estreita, o terraço do café Montaigne, o cinema onde havíamos assistido a um filme B, *O rapto das sabinas* — não tinham mais do que um único significado: eu estava ali e não sabia que estava engravidando.

A enfermeira da universidade me deu uma injeção à noite, sem fazer nenhum comentário, e outra no dia seguinte pela manhã. Era o fim de semana do dia 11 de novembro. Voltei para a casa dos meus pais. Em certo momento tive um rápido e curto corrimento de sangue rosado. Botei a calcinha e o jeans manchados sobre a pilha de roupa suja, bem à mostra. (Agenda: "Um único vazamento. O suficiente para enrolar minha mãe".) De volta a Rouen, liguei para o dr. N., que confirmou meu estado e anunciou que enviaria meu atestado de gravidez. Recebi no dia seguinte. Parto de: *Senhorita Annie Duchesne*. Previsto para: *8 de julho de 1964*. Vi o verão, o sol. Rasguei o documento.

Escrevi para P. dizendo que estava grávida e que não queria o filho. Tínhamos nos despedido sem certezas sobre a nossa relação, e eu senti certa satisfação em incomodar a sua tranquilidade, mesmo não tendo nenhuma ilusão sobre o profundo alívio que lhe causaria a minha decisão de abortar.

Uma semana depois, Kennedy foi assassinado em Dallas. Mas isso já não me despertava nenhum interesse.

Os meses seguiram banhados por uma luz embaçada e pálida. Eu me vejo nas ruas andando sem parar. Todas as vezes que pensei nesse período, me vieram à mente expressões literárias como "a viagem", "além do bem e do mal", ou ainda "viagem ao fim da noite". Elas sempre me pareceram corresponder ao que vivi e senti naquele momento, algo indizível e de certa beleza.

Há muitos anos estou às voltas com esse acontecimento da minha vida. Ler o relato de um aborto em um romance me arrebata, num sobressalto sem imagens nem pensamentos, como se as palavras se transformassem instantaneamente em sensação violenta. Da mesma forma, quando ouço por acaso "La javanaise", "J'ai la mémoire qui flanche", ou qualquer outra música que me acompanhou nesse período, fico perturbada.

Faz uma semana que comecei esta narrativa, sem nenhuma certeza de continuá-la. Só queria testar meu desejo de escrever sobre isso. Um desejo que me atravessava constantemente sempre que eu estava trabalhando no livro que venho escrevendo há dois anos. Eu resistia, mas não conseguia deixar de pensar nisso. Ceder ao desejo me parecia assustador. Mas me dizia também que poderia morrer sem ter feito nada desse acontecimento. Se havia uma culpa, era essa. Uma noite sonhei que segurava um livro que havia escrito sobre meu aborto, mas não se podia encontrá-lo em nenhuma livraria e ele não era mencionado em nenhum catálogo. Na parte inferior da capa, em letras grandes, constava ESGOTADO. Não sabia se esse sonho significava que eu devia escrever este livro ou se seria inútil fazê-lo.

Com este relato, foi o tempo que se pôs em movimento e que me conduz apesar de mim. Sei agora que estou tão decidida a ir até o fim, aconteça o que acontecer, como estava quando, aos 23 anos, rasguei o atestado de gravidez.

Quero mergulhar mais uma vez nesse período da minha vida, saber o que se encontra ali. Essa exploração vai se inscrever na trama de um relato, o único capaz de recuperar um acontecimento que era apenas tempo dentro e fora de mim. Uma agenda e um diário íntimo mantidos durante esses meses vão me trazer as referências e as provas necessárias ao estabelecimento dos fatos. Vou me esforçar, acima de tudo, para me aprofundar em cada imagem, até que tenha a sensação física de "alcançá-la", e que surjam algumas palavras sobre as quais eu possa dizer "é isso". Ouvir de novo cada uma dessas frases, que não se apagaram em mim, cujo sentido na época deve ter sido tão insuportável, ou, inversamente, tão reconfortante, que afundo em desgosto ou doçura ao pensá-las hoje.

Que o modo como vivi essa experiência do aborto — a clandestinidade — remonte a uma história superada não me parece um motivo válido para deixá-la enterrada — mesmo que o paradoxo de uma lei justa seja quase sempre obrigar as antigas vítimas a se calar, em nome de que "tudo isso acabou", de maneira que o mesmo silêncio de antes encubra o que aconteceu. É justamente porque nenhuma interdição pesa mais sobre o aborto que posso, deixando de lado o senso coletivo e as fórmulas necessariamente simplificadas, impostas pela luta das mulheres dos anos 1970 — "violência contra as mulheres" etc. —, enfrentar, na sua realidade, esse acontecimento *inesquecível*.

Dir. São punidos com prisão e multa 1) o autor de toda e qualquer manobra abortiva; 2) os médicos, parteiras, farmacêuticos e culpados de ter indicado ou facilitado essas manobras; 3) a mulher que provoca um aborto a si mesma ou que o consente; 4) a incitação ao aborto e a propaganda anticoncepcional. A proibição de residência pode, além disso, ser aplicada contra os culpados, sem prejuízo, para aqueles da 2ª categoria, da privação definitiva ou temporária de exercer sua profissão.

Novo Larousse Universal,
edição de 1948

O TEMPO DEIXOU DE SER UMA SEQUÊNCIA insensível de dias a serem preenchidos com aulas e apresentações, idas a cafés e à biblioteca, convergindo para os exames e as férias de verão, para o futuro. Tornou-se uma coisa sem forma que avançava dentro de mim e era preciso destruir a todo custo.

Eu ia às aulas de literatura e de sociologia, ao restaurante universitário, frequentava cafés no almoço e, à noite, o La Faluche, bar dos estudantes. Não estava mais no mesmo mundo. Havia as outras garotas, com seus ventres vazios, e eu.

Para pensar minha situação, eu nunca empregava os termos que a designam, nem "estou esperando um filho", nem "grávida", muito menos "gravidez", que rima com "estupidez". Eles implicavam a aceitação de um futuro que não se realizaria. Não valia a pena dar um nome para algo ao qual eu tinha decidido dar um fim. Na agenda, escrevia: "isso", "essa coisa", uma única vez "grávida".

Eu passava da incredulidade de que aquilo estivesse acontecendo comigo, justo comigo, à certeza de que tinha necessariamente de acontecer comigo. Era o que me cabia desde a primeira vez que tinha gozado embaixo dos lençóis, aos catorze anos, e a partir daquele momento — apesar das preces à Virgem e a diferentes santas — nunca mais me furtei à experiência, sonhando persistentemente que eu era uma puta. Chegava a ser um milagre que não tivesse passado por isso antes. Até o verão anterior, eu tinha conseguido, às custas de muito esforço e humilhação — chamada de cadela e biscatinha —, não transar por completo. Minha salvação só veio com a violência de um desejo que, mal acomodado nos limites do flerte, me levou a temer até um simples beijo.

Eu estabelecia confusamente uma ligação entre minha classe social de origem e o que estava acontecendo comigo. A primeira a fazer um curso superior numa família operária e de pequenos comerciantes, eu tinha escapado da fábrica e do balcão. Mas nem o vestibular nem a graduação em letras puderam alterar a fatalidade da transmissão de uma pobreza da qual a filha grávida era, da mesma forma que o alcoólatra, o emblema. Eu estava ferrada, e o que crescia em mim era, de certa maneira, o fracasso social.

Estava totalmente decidida a abortar. Isso me parecia, senão fácil, pelo menos realizável, e não exigia nenhuma coragem em especial. Uma provação corriqueira. Bastava seguir o caminho trilhado por uma longa coorte de mulheres antes de mim. Desde a adolescência, eu tinha acumulado relatos, lidos em romances, trazidos pelos rumores do bairro nas conversas cochichadas. Havia adquirido um vago saber sobre os meios a serem utilizados, a agulha de tricô, o cabo da salsinha, as injeções de água com sabão, a equitação — a melhor saída era encontrar um médico clandestino, ou uma mulher com o belo epíteto de "fazedora de anjos", ambos muito caros, embora eu não tivesse ideia de preço. No ano anterior, uma mulher divorciada tinha me contado que um médico de Estrasburgo a ajudara a se livrar de uma criança. Sem dar mais detalhes, ela só disse "eu me agarrava à pia de tanta dor". Eu também estava disposta a me agarrar à pia. Não achava que pudesse morrer por causa disso.

Três dias depois de rasgar o atestado de gravidez, encontrei no pátio da faculdade Jean T., um estudante casado e assalariado, que dois anos antes tomara emprestadas minhas anotações de uma disciplina sobre Victor Hugo que ele não tinha podido frequentar. Seu discurso aguerrido e suas ideias revolucionárias vinham a calhar. Fomos beber na praça da Gare, no Métropole. Num dado momento, dei a entender que estava grávida, sem dúvida porque achava que ele poderia me ajudar. Sabia que ele militava numa associação semiclandestina que lutava pela liberdade da contracepção, o Planning Familial, e imaginava uma possível ajuda por essa via.

Na hora ele manifestou uma expressão de curiosidade e prazer, como se me visse com as pernas abertas, o sexo à disposição. Ou talvez achasse prazerosa a súbita transformação da boa estudante de ontem em garota encurralada. Queria saber de quem eu estava grávida, desde quando. Era a primeira pessoa para quem eu contava. Mesmo se não tivesse nenhuma solução para me oferecer naquele momento, sua curiosidade era uma proteção. Ele me convidou para jantar na sua casa, nos arredores de Rouen. Eu não queria voltar sozinha para o meu quarto na cidade universitária.

Quando chegamos, sua mulher dava de comer ao filho, acomodado num cadeirão. Jean T. disse a ela sucintamente que eu estava com problemas. Um amigo chegou. Depois de pôr a criança para dormir, ela nos serviu um coelho com espinafre. A cor verde embaixo dos pedaços de carne me dava enjoo. Pensava que no ano seguinte estaria igual à mulher de Jean se não abortasse. Depois do jantar, ela foi com o amigo buscar um material para a escola onde era professora e eu comecei a lavar a louça com Jean T. Ele me abraçou e disse que tínhamos tempo de transar. Eu me soltei dos braços dele e continuei a lavar os pratos. O filho chorava no quarto ao lado, eu tinha vontade de vomitar. Jean T. me pressionava por trás sem deixar de secar a louça. De repente retomou seu tom habitual e fingiu ter querido medir minha força moral. Sua mulher voltou e eles me convidaram para ficar. Era tarde, e nem um nem outro devia estar com disposição para me levar para casa. Dormi num colchão inflável na sala. Na manhã seguinte voltei para meu quarto na cidade universitária, de onde havia saído no dia anterior, no começo da tarde, com meu material das aulas. A cama estava arrumada, tudo estava igual e quase um dia inteiro tinha se passado. É por esse tipo de detalhe que podemos medir o início da desordem em nossa vida.

Não julgava ter sido tratada com desprezo por Jean T. Para ele, eu tinha passado da categoria de garotas que não se sabe se aceitam transar para aquela de garotas que, sem dúvida alguma, já transaram. Numa época em que a diferença entre as duas importava muito e condicionava a atitude dos rapazes em relação às garotas, ele se mostrava acima de tudo pragmático, com a certeza, aliás, de que eu não ficaria grávida, visto que já estava. Foi um episódio desagradável, mas de todo modo irrelevante considerando o meu estado. Ele tinha prometido procurar o endereço de um médico e eu não contava com mais ninguém.

Passados dois dias, fui encontrá-lo em seu escritório e ele me levou para almoçar numa cervejaria no cais, ao lado da estação rodoviária, num bairro demolido durante a guerra e reconstruído em concreto, aonde eu nunca ia. Eu começava a vagar, não frequentava mais a área e os locais por onde costumava andar sempre no mesmo horário com os outros estudantes. Ele pediu sanduíches. Sua atração por mim não diminuía. Disse rindo que poderia me pôr uma sonda com a ajuda de amigos. Não posso afirmar que fosse uma brincadeira. Depois falou dos B., um casal cuja mulher tinha feito um aborto dois ou três anos antes. "Ela quase morreu, aliás." Ele não tinha o endereço dos B., mas eu poderia entrar em contato com L.B. no jornal em que ela trabalhava como freelancer. Eu a conhecia de vista, tínhamos cursado a mesma disciplina de filologia, era uma moça pequena e morena, com óculos grandes, de aspecto severo. Durante uma apresentação ela havia recebido um elogio entusiástico do professor. Eu ficava mais tranquila de saber que uma garota como ela tinha feito um aborto.

Quando acabou seus sanduíches, Jean T. afundou na cadeira sorrindo com os dentes à mostra: "Como é bom comer". Estava enjoada e me senti sozinha. Tinha começado a entender que ele não tinha vontade de se meter muito naquela história. As garotas que queriam abortar não se enquadravam nas regras morais estabelecidas pelo Planning Familial ao qual ele pertencia. O que ele desejava era se acomodar na primeira fila e continuar seguindo minha história. Algo como assistir a tudo e não pagar por nada: ele tinha me avisado que, na condição de membro de uma associação militante pela maternidade desejada, não poderia "moralmente" me emprestar o dinheiro para abortar na clandestinidade. (Na agenda: "Comi com T. no cais. Os problemas estão se acumulando".)

A busca começou. Eu precisava encontrar L.B. Seu marido, que eu já tinha visto várias vezes no restaurante universitário distribuindo panfletos, parecia ter sumido. Ao meio-dia e no início da noite, eu percorria as salas, me postava no saguão, na porta de entrada.

Duas noites depois, esperei L.B. em frente ao *Paris-Normandie*. Não tinha coragem de entrar e perguntar se ela já havia chegado. Temia que achassem minha atitude suspeita e, acima de tudo, não queria incomodar L.B. no local de trabalho para falar de um assunto que quase a tinha matado. Na segunda noite chovia, eu estava sozinha na rua, sob meu guarda-chuva, lendo no automático as páginas do jornal pregadas na grade em frente ao muro, olhando ora para um lado da rua de l'Hôpital, ora para o outro. L.B. estava em algum lugar de Rouen, era a única mulher que podia me salvar e não aparecia. De volta à cidade universitária, em minha agenda: "Esperei mais uma vez L.B. debaixo da chuva. Ausente. Estou desesperada. Essa coisa precisa desaparecer".

Eu não tinha nenhum indício, nenhuma pista.

Embora muitos romances se referissem a um aborto, eles não forneciam detalhes a respeito do modo como ele se dava exatamente. Entre o momento em que a moça descobria estar grávida e aquele em que não estava mais, havia uma elipse. Na biblioteca, procurei nos arquivos a palavra "aborto". Todas as referências eram de revistas médicas. Peguei duas delas, *Les archives médico-chirurgicales* e *La revue d'immunologie*. Esperava encontrar informações práticas, mas os artigos só tratavam das consequências do "aborto criminal" e isso não me interessava.

(Os nomes e números, *Per m 484, nº 5 et 6, Norm. Mm 1065*, aparecem na folha de rosto do meu caderno de endereços da época. Com um sentimento de estranheza e fascinação eu observo esses traços rabiscados com uma caneta esferográfica azul como se tais provas materiais detivessem, de forma opaca e indestrutível, uma realidade que nem a memória, nem a escrita, em razão de sua instabilidade, vão me permitir alcançar.)

Certa tarde, saí com a intenção de encontrar um médico que aceitasse fazer meu aborto. Esse ser tinha de existir em algum lugar. Rouen havia se tornado uma floresta de pedras cinza. Eu estudava as placas douradas dos consultórios, me perguntando quem estaria por trás delas. Não conseguia me decidir a tocar o interfone. Esperava um sinal.

Segui na direção de Martainville, imaginando que, nesse bairro pobre, um tanto miserável, os médicos deviam ser mais compreensivos.

Fazia um sol pálido de novembro. Enquanto eu caminhava, não me saía da cabeça o refrão de uma canção que escutávamos sem parar, "Dominique nique nique", cantada por uma freira da ordem dominicana acompanhada de seu violão, a Irmã Sorriso. A letra era edificante e inocente — a freira não sabia que *niquer* quer dizer "foder" —, mas a melodia era alegre e dançante. Isso me enchia de força em minha busca. Cheguei à praça Saint-Marc, as barracas da feira estavam empilhadas. Ao fundo se via a loja de móveis Froger, à qual eu tinha vindo quando menina com minha mãe para comprar um armário. Eu nem olhava mais as placas na porta, vagava sem propósito.

(No *Le Monde*, há cerca de dez anos, soube do suicídio da Irmã Sorriso. O jornal contava que, depois do imenso sucesso de "Dominique", ela havia tido frustrações de todos os tipos com sua ordem religiosa, tinha largado o hábito e fora viver com uma mulher. Aos poucos parou de cantar e caiu no esquecimento. Ela bebia. Essa sinopse me deixou transtornada. Fiquei com a sensação de que fora aquela mulher em ruptura com a sociedade, a excluída mais ou menos lésbica, alcoólatra, aquela que não sabia quem se tornaria um dia, que havia me acompanhado pelas ruas de Martainville quando eu estava só e perdida. Nos unia um abandono apenas deslocado no tempo. E naquela tarde eu devia minha coragem de viver à canção de uma mulher que, depois, iria se perder até a morte. Desejei intensamente que ela tivesse sido ao menos um pouco feliz e que, nas noites de uísque, conhecendo agora o sentido da palavra, ela tenha pensado que, no final das contas, tinha fodido as boas freirinhas.

A Irmã Sorriso é dessas mulheres, jamais encontradas, mortas ou vivas, reais ou não, com quem, apesar de todas as diferenças, eu sinto ter alguma coisa em comum. Elas formam em mim uma cadeia invisível em que convivem artistas, escritoras, heroínas de romance e mulheres da minha infância. Tenho a impressão de que minha história está nelas.)

Como a maioria dos consultórios médicos dos anos 1960, o do clínico geral do boulevard Yser, perto da praça Beauvoisine, parecia uma sala burguesa, com tapetes, estante com porta de vidro e uma escrivaninha estilosa. Impossível dizer por que eu fui parar nesse belo bairro, onde morava o deputado de direita

André Marie. Já era noite e talvez eu não quisesse ir embora sem ter tentado nada. Um médico mais velho me atendeu. Eu disse que estava cansada e que não menstruava mais. Depois de ter feito um exame atento com um dedo sob uma luva de borracha, declarou que eu certamente estava grávida. Não tive coragem de pedir que me fizesse um aborto, apenas supliquei que fizesse minha menstruação descer, não importava como. Ele não respondeu e, sem me olhar, começou a diatribe habitual contra os homens que abandonam as moças depois de terem tido o seu prazer. Prescreveu comprimidos de cálcio e injeções de estradiol. No final ele se acalmou um pouco quando soube que eu era universitária e me perguntou se conhecia Philippe D., filho de um de seus amigos. Eu de fato o conhecia, um moreno de óculos, do tipo católico certinho, havíamos cursado latim no primeiro ano da faculdade e depois ele tinha ido para Caen. Lembro-me de ter pensado que não era o tipo de homem que poderia ter me engravidado. "É um rapaz gentil, né?" O médico sorria e pareceu feliz com a minha aprovação. Havia esquecido por que eu estava lá. Parecia aliviado quando me acompanhou até a porta. Não me disse para voltar.

Moças como eu estragavam o dia dos médicos. Sem dinheiro e sem contatos — senão não teriam ido parar no consultório deles às cegas —, elas os obrigavam a se lembrar da lei que podia enviá-los à prisão e proibi-los de exercer a profissão para sempre. Eles não ousavam dizer a verdade, que não iam pôr tudo a perder por causa dos belos olhos de uma mocinha estúpida o bastante para se deixar engravidar. A menos que eles preferissem sinceramente morrer a infringir uma lei que deixava as mulheres morrerem. Mas todos deviam imaginar que, mesmo impedidas de abortar, elas encontrariam um jeito de fazê-lo.

Diante de uma carreira destruída, uma agulha de tricô na vagina não pesava muito.

Precisei me esforçar para abandonar o sol de inverno da praça Saint-Marc, em Rouen, a canção da Irmã Sorriso e até o consultório discreto do médico de quem não me lembro do nome, no boulevard Yser. Para fugir da submersão das imagens e agarrar essa realidade invisível, abstrata, ausente da lembrança, e que no entanto me lançava à rua em busca de um improvável médico: a lei.

Ela estava em todo lugar. Nos eufemismos e lítotes da minha agenda, nos olhos protuberantes de Jean T., nos casamentos forçados, no filme *Os guarda-chuvas do amor*, na vergonha daquelas que abortavam e na reprovação dos outros. Na impossibilidade absoluta de imaginar que um dia as mulheres pudessem decidir abortar livremente. E, como de costume, era impossível determinar se o aborto era proibido porque ruim, ou se era ruim porque proibido. Julgava-se de acordo com a lei; não se julgava a lei.

Eu não achava que as injeções do médico surtiriam efeito, mas queria tentar tudo. Com medo de que a enfermeira da universidade suspeitasse de alguma coisa, perguntei a uma estudante de medicina que eu via sempre no restaurante universitário se ela poderia aplicá-las. Ela enviou outra estudante ao meu quarto, uma loira, muito bonita, descontraída. Ao vê-la ali, me dei conta de que estava me tornando uma pobre coitada. Ela me deu a injeção sem perguntar nada. No dia seguinte, como nenhuma das duas estava disponível, sentei na cama e eu mesma enfiei a agulha na coxa, fechando os olhos. (Na agenda: "Duas injeções e nenhum efeito".) Mais tarde eu descobriria que o médico do boulevard Yser tinha me prescrito um medicamento para impedir abortos espontâneos.

(Sinto que o relato me arrasta e impõe, sem que eu saiba, um sentido: o da marcha inelutável da infelicidade. Me obrigo a resistir ao desejo de descer precipitadamente os degraus dos dias e das semanas, tratando de conservar por todos os meios — a busca e o registro dos detalhes, o emprego do imperfeito, a análise dos fatos — a interminável lentidão de um tempo que se espessava sem avançar, como o tempo dos sonhos.)

Eu continuava a frequentar as aulas, a biblioteca. No verão anterior, tinha escolhido com entusiasmo o tema da minha monografia: as mulheres no surrealismo. Agora aquilo não me soava mais interessante do que a conjugação em francês arcaico ou as metáforas na obra de Chateaubriand. Lia com indiferença os textos de Éluard, Breton e Aragon, exaltando mulheres abstratas, mediadoras entre o homem e o cosmos. Anotava aqui e ali uma frase que se relacionava a meu tema. Mas não sabia o que fazer com as anotações que eu tinha feito e me sentia incapaz de submeter ao professor o projeto e o primeiro capítulo que ele tinha pedido. Associar as informações umas às outras e integrá-las em uma construção coerente estava além das minhas capacidades.

Desde o ensino médio eu lidava bem com os conceitos. Não deixava de notar o caráter artificial das dissertações e outros trabalhos universitários, mas tinha certo orgulho de me mostrar habilidosa, e esse parecia ser o preço a pagar por "viver com a cara nos livros", como diziam meus pais, e lhes consagrar meu futuro.

Agora, o "céu das ideias" tinha se tornado inacessível para mim; eu me arrastava abaixo dele com o corpo atolado na náusea. Ora tinha esperanças de ser de novo capaz de refletir quando tivesse me livrado do meu problema, ora me parecia que a bagagem intelectual era no meu caso uma construção artificial que havia desmoronado definitivamente. De certa maneira, minha incapacidade de redigir a monografia era mais assustadora que a necessidade de abortar. Era o sinal indubitável da minha desgraça invisível. (Na agenda: "Não escrevo mais, não estudo mais. Como sair daqui".) Tinha deixado de ser "intelectual". Não sei se esse sentimento se dispersou. Ele causa um sofrimento indizível.

(Mais uma vez a impressão recorrente de não ir longe o bastante na exploração das coisas, como se algo muito antigo me detivesse, algo ligado ao mundo dos trabalhadores manuais, do qual eu vim, um mundo que temia as elocubrações, ou ao meu corpo, a essa lembrança dentro do meu corpo.)

Toda manhã, acordava achando que as náuseas tinham passado e, exatamente quando pensava isso, eu as sentia chegar em uma onda insidiosa. O desejo e o nojo da comida não me abandonavam. Um dia, passando em frente a uma charcutaria, vi umas salsichas. Entrei e comprei uma, que devorei logo em seguida, na calçada. Em outra ocasião, implorei a um garoto que me oferecesse seu suco de uva, tinha tanta vontade daquele suco que teria feito qualquer coisa por ele. Alguns alimentos me causavam repugnância só de olhar; outros, mais agradáveis à vista, se decompunham em minha boca, anunciando sua futura putrefação.

Numa manhã, esperando com outros estudantes o fim de uma aula para entrar em determinada sala, as silhuetas de repente se dissolveram em pontos brilhantes. Só deu tempo de me sentar nos degraus da escada.

Anotei na agenda: "Tonturas constantes". — "Às 11 horas, vontade de vomitar na B.M. [biblioteca municipal]." "Ainda me sinto mal."

No primeiro ano da faculdade, eu sonhava com alguns rapazes, sem que eles soubessem. Eu os perseguia, sentava meio perto deles no anfiteatro, prestava atenção na hora em que iam ao restaurante, à biblioteca. Esses romances imaginários pareciam pertencer a um tempo distante, sem gravidade, quase um tempo de garotinha.

Em uma foto do mês de setembro anterior, estou sentada, os cabelos sobre os ombros, bem bronzeada, com uma echarpe no decote canoa do chemisier listrado, sorridente, *sensual*. Sempre que a olhava, pensava que essa era a minha última foto de garota, desenvolvendo-se na ordem invisível e perpetuamente presente da sedução.

Numa noite em que tinha ido com umas garotas da cidade universitária ao La Faluche, fiquei interessada pelo rapaz, loiro e agradável, com quem passei a noite dançando. Era a primeira vez desde que me descobri grávida. Nada impedia, então, que um sexo se retesasse e se abrisse, mesmo quando já havia no ventre um embrião que receberia sem reclamar um jato de esperma desconhecido. Na agenda: "Dancei com um rapaz romântico, mas não consegui fazer absolutamente nada".

Todos os comentários me pareciam pueris ou frívolos. O costûme de algumas garotas de contar sua vida cotidiana tim-tim por tim-tim me era insuportável. Certa manhã, na biblioteca, uma menina de Montpellier com quem eu tinha cursado filologia sentou ao meu lado. Ela me descreveu em detalhes seu apartamento novo na rua Saint-Maur, a proprietária, a roupa secando na entrada, seu trabalho de professora numa escola particular na rua Beauvoisine etc. Essa descrição minuciosa e alegre de seu universo me parecia louca e obscena. Tenho a impressão de ter decorado todas as coisas que essa garota me disse naquele dia, com seu sotaque do Sul — com certeza foi justamente pela insignificância, que tinha para mim um sentido aterrorizante: o sentido de minha exclusão do mundo normal.

(Desde que comecei a escrever sobre esse acontecimento, tento trazer à luz do dia o máximo possível de rostos e nomes de estudantes em meio aos quais eu ia me transformando e que, com exceção de dois ou três, nunca mais revi depois de partir, no ano seguinte. Saídos um a um do esquecimento, eles se reacomodam espontaneamente nos locais onde eu os encontrava com frequência, a faculdade de letras, o restaurante universitário, o La Faluche, a biblioteca municipal, a plataforma da estação onde se amontoavam na sexta-feira à noite à espera do trem que os levaria de volta para suas famílias. É uma multidão que ressuscita, e que me captura. É ela que, mais do que as lembranças pessoais, devolve meu ser de 23 anos — me faz entender a que ponto eu estava imersa no meio estudantil. E esses nomes e rostos explicam minha desordem: em relação a eles, a esse mundo de referência, eu tinha me tornado por dentro uma delinquente.

Não me permito escrever esses nomes aqui porque não são personagens fictícios, mas seres reais. No entanto, não consigo acreditar que existam em algum lugar. Num certo sentido, seguramente tenho razão: a forma que têm hoje — seus corpos, suas ideias, sua conta bancária — não guarda nenhuma relação com a forma que tinham nos anos 1960, essa que vejo quando escrevo. Quando sinto vontade de procurar esses nomes na lista telefônica, logo me dou conta do erro.)

Aos sábados eu voltava para a casa dos meus pais. A dissimulação do que estava acontecendo comigo não custava muito, era o estado normal de nossa relação desde minha adolescência. Minha mãe pertencia à geração de antes da guerra, a do pecado e da vergonha sexual. Eu tinha certeza de que suas crenças eram inabaláveis e minha capacidade de suportá-las só não era maior do que a dela de se convencer de que eu as compartilhava. Como a maioria dos pais, os meus imaginavam que podiam detectar infalivelmente, à primeira vista, o menor sinal de desvio. Para deixá-los tranquilos, bastava visitá-los regularmente, com um sorriso e a cara lavada, levar a roupa suja e partir abastecida.

Numa segunda-feira, voltei da casa deles com um par de agulhas de tricô que tinha comprado num verão para fazer um casaco que nunca terminei. Grandes agulhas de um azul metálico. Eu não tinha saída. Decidira agir sozinha.

Na noite anterior, tinha ido ver *Minha luta* com umas garotas da cidade universitária. Eu estava muito agitada e pensava sem parar no que ia fazer no dia seguinte. Mas o filme me lembrou de algo evidente: o sofrimento que eu ia me impor não era nada comparado àquele vivido nos campos de concentração. Eu tirava dali coragem e determinação. Saber que me preparava para fazer o que tantas outras já tinham feito antes de mim também me dava forças.

Na manhã seguinte, me deitei na cama e introduzi com cuidado a agulha de tricô no meu sexo. Eu tateava sem encontrar o colo do útero e parava logo que sentia dor. Percebi que não conseguiria sozinha. Minha impotência me desesperava. Eu não era capaz. "Nada. Impossível, que droga. Estou chorando e não aguento mais."

(Pode ser que um texto como este provoque irritação, ou repulsa, ou seja considerado de mau gosto. Ter vivido uma coisa, qualquer que seja, dá o direito imprescritível de escrevê-la. Não existe verdade inferior. E, se eu não relatar essa experiência até o fim, estarei contribuindo para obscurecer a realidade das mulheres e me acomodando do lado da dominação masculina do mundo.)

Depois da minha tentativa infrutífera, liguei para o dr. N. Disse que não queria "mantê-lo" e que tinha me machucado. Era mentira, mas queria que ele soubesse que estava disposta a tudo para abortar. Ele me disse para ir imediatamente ao seu consultório. Achei que fosse fazer alguma coisa por mim. Me recebeu silenciosamente, de cara séria. Depois do exame, declarou que tudo corria bem. Comecei a chorar. Ele estava prostrado na mesa, a cabeça baixa, parecia abalado. Achei que ele ainda resistia e que ia ceder. Ele levantou a cabeça: "Não quero saber aonde você vai. Mas você vai tomar penicilina, oito dias antes e oito dias depois. Vou prescrever a receita".

Saindo do consultório, me culpei por ter estragado minha última chance. Eu não tinha conseguido entrar de verdade no jogo que o desvio da lei exigia. Teria sido preciso mais lágrimas e súplicas, uma representação melhor do meu desespero real, para que ele entendesse meu desejo de abortar. (Foi o que pensei por muito tempo. Erroneamente, talvez. Só ele poderia dizer.) Pelo menos ele queria impedir que eu morresse de septicemia.

Não pronunciamos nenhuma vez a palavra aborto, nem ele nem eu. Era uma coisa que não tinha lugar na linguagem.

(Noite passada, sonhei que estava na situação de 1963 e procurava um modo de abortar. Quando acordei, percebi que o sonho tinha me devolvido exatamente a desolação e a impotência nas quais eu estava mergulhada naquela época. O livro que estou escrevendo me soou como uma tentativa desesperada. Como no orgasmo, quando, num relâmpago, temos a impressão de que "tudo está aqui", a lembrança do meu sonho me convencia de que eu tinha conseguido sem esforço o que busco encontrar pelas palavras — tornando inútil o meu processo de escrita.

Mas agora que a sensação vivida desapareceu quando acordei, a escrita encontra uma necessidade ainda mais forte, justificada pelo sonho.)

No meio universitário, as duas garotas que eu considerava minhas amigas não estavam mais lá. Uma tinha ido para o sanatório de estudantes de Saint-Hilaire-du-Touvet; a outra cursava psicopedagogia em Paris. Eu tinha escrito a elas dizendo que estava grávida e que queria abortar. Elas não julgavam, mas pareciam aterrorizadas. Não era do medo dos outros que eu precisava, e elas não podiam fazer nada por mim.

Conhecia O. desde o primeiro ano da faculdade, o quarto dela era no mesmo andar que o meu, saíamos juntas com frequência, mas eu não a considerava uma amiga. Nas fofocas que costumam caracterizar as relações entre as garotas, sem as afetar ou envenenar, eu concordava com aqueles que a julgavam irritante e grudenta. Sabia que ela era louca para descobrir segredos que poderiam servir como um tesouro a ser oferecido aos outros e fazer dela mesma, por uma hora, mais interessante do que grudenta. Enfim, uma burguesa católica que respeitava os ensinamentos do papa sobre a contracepção, ela deveria ter sido a última pessoa em quem eu confiaria. Foi ela, no entanto, a minha confidente até o fim de dezembro. Constato o seguinte: o desejo que me impelia a falar da minha situação não se importava com as ideias e julgamentos possíveis daqueles em quem eu confiava. Na impotência em que me encontrava, esse era um ato — cujas consequências me eram indiferentes — por meio do qual eu tentava arrastar o interlocutor para a visão estarrecedora do real.

Então, eu mal conhecia André X., estudante do primeiro ano de letras, cuja especialidade era contar num tom frio as histórias horríveis tiradas da revista *Hara-Kiri*. Mudando de assunto numa conversa em um café, contei que estava grávida e que ia fazer qualquer coisa para abortar. Ele ficou petrificado, me encarando com seus olhos castanhos. Tentou em seguida me convencer a seguir a "lei natural", a não cometer o que considerava um crime. Ficamos muito tempo nessa mesa do Métropole, perto da porta que dava para a rua. Ele não me deixava ir embora. Por trás da sua obstinação em me fazer renunciar a meu projeto, eu percebia uma imensa perturbação, uma fascinação assombrada. Meu desejo de abortar suscitava uma espécie de sedução. No fundo, para O., André, Jean T., meu aborto era uma história da qual não se sabia o fim.

(Hesito em escrever: revejo o Métropole, a pequena mesa em que estávamos, perto da porta que dava para a rua Verte, o garçom impassível que se chamava Jules e que associei ao garçom de *O ser e o nada*, que não era um garçom, mas fingia ser um etc. Ver pela imaginação ou rever pela memória é a parte que cabe à escrita. Mas "eu revejo" serve para registrar o momento em que tenho a sensação de alcançar a outra vida, a vida passada e perdida, sensação que a expressão "é como se eu ainda estivesse lá" traduz espontaneamente de modo tão preciso.)

O único que não parecia interessado era aquele de quem eu estava grávida, que me mandava cartas esporádicas de Bordeaux, nas quais aludia às dificuldades para encontrar uma solução. (Na agenda: "Ele está deixando eu me virar sozinha".) Deveria ter concluído que ele não sentia mais nada por mim e que só tinha uma vontade: voltar a ser quem era antes dessa história, o estudante preocupado apenas com as provas e o futuro. Mesmo que eu devesse ter pressentido tudo isso, não tinha forças para terminar, adicionar à busca desesperada por um modo de abortar o vazio de uma separação. Era, enfim, com *plena consciência* que eu ocultava a realidade. E, se me sentia devastada ao ver rapazes nos cafés brincando ou rindo ruidosamente — naquele momento ele decerto estava fazendo a mesma coisa —, isso me dava também uma razão para seguir incomodando sua tranquilidade. Em outubro, tínhamos combinado passar as férias de Natal na neve, com um casal de amigos. Eu não pretendia mudar esse plano.

Chegávamos ao meio de dezembro.

Minha bunda e meus seios esticavam os vestidos, eu estava pesada, mas as náuseas tinham passado. Às vezes esquecia que estava grávida de dois meses. Sem dúvida esse apagamento do futuro, que anestesia a mente da angústia da data-limite, faz com que as garotas deixem passar as semanas, depois os meses, até chegar a termo. Deitada na cama, no sol de inverno que preenchia a janela, eu escutava os *Concertos de Brandemburgo*, exatamente como no ano anterior. Tinha a impressão de que nada tinha mudado na minha vida.

No meu diário, "tenho a impressão de estar grávida com abstração" — "encosto na minha barriga, está aqui. E sem mais imaginação. Se eu deixar o tempo passar, no próximo mês de julho vai sair uma criança de mim. Mas eu não a sinto".

Uns dez dias antes do Natal, quando eu já não esperava mais, L.B. bateu na porta do meu quarto. Jean T. havia cruzado com ela na rua e tinha avisado que eu queria vê-la. Ela ainda usava seus grandes óculos de armação preta, intimidadores. Sorria para mim. Sentamos na minha cama. Ela me deu o endereço da mulher que cuidou de seu problema, uma auxiliar de enfermagem de certa idade, que trabalhava numa clínica, sra. P.-R., no *impasse* Cardinet, no 17º arrondissement de Paris.* Devo ter rido da palavra *impasse*, que casava com a figura romanesca e sórdida da fazedora de anjos, mas ela explicou que o *impasse* Cardinet dava para a grande rua Cardinet. Eu não conhecia Paris, e para mim essa rua só evocava uma loja de bijuterias, a Comptoir Cardinet, que todo dia anunciava no rádio. L.B. me explicava com tranquilidade, até bom humor, o modo de proceder da sra. P.-R.: com a ajuda de um espéculo, ela introduzia uma sonda no colo do útero, e aí era só esperar o aborto espontâneo. Uma mulher séria e limpa, que fervia seus instrumentos. Nem todos os micróbios, porém, eram destruídos pela ebulição, e L.B. havia contraído uma septicemia. Isso não aconteceria comigo se logo depois eu pedisse a um clínico geral uma receita de antibiótico, com um pretexto qualquer. Eu disse que já tinha uma receita de penicilina. Tudo parecia simples e reconfortante — afinal de contas, L.B. estava diante de mim, e tinha saído dessa. A sra. P.-R. cobrava quatrocentos francos.** L.B. se ofereceu espontaneamente para me emprestá-los. Um endereço e o dinheiro eram as únicas coisas no mundo de que eu precisava naquele momento.

(Me limito a empregar as iniciais para designar essa que vejo agora como a primeira das mulheres que me apoiaram, essas guias que com conhecimento, gestos e decisões eficazes me fizeram atravessar, *da melhor maneira*, essa provação. Queria es-

* "Impasse", em francês, além de designar uma situação difícil, também é um "cul-de-sac", uma rua sem saída. (N.T.)
** Cerca de 900 euros em 2022.

crever aqui seu sobrenome e seu belo nome cheio de simbologia, dado por pais refugiados da Espanha franquista. Mas a razão que me inclina a fazer isso — a existência real de L.B., cujo valor seria revelado aos olhos de todos — é a mesma que me impede. Não tenho o direito, pelo exercício de um poder não recíproco, de expor, no espaço público de um livro, L.B., uma mulher real, viva — como a lista telefônica acaba de me confirmar —, que poderia retrucar com toda razão que ela "não me pediu nada".

Domingo passado, voltando da costa normanda, fiz um pequeno desvio por Rouen. Caminhei pela rua du Gros-Horloge, fui até a catedral. Sentei no terraço de um café no Espace du Palais, recém-construído. Por causa do livro que estou escrevendo, pensava sem parar nos anos 1960, mas nada no centro da cidade, degradada, colorida, me dava essa sensação. Esses anos só me eram acessíveis por um esforço difícil de abstração, que me obrigava a despojar a cidade de suas cores, devolver às paredes sua tinta escura e austera, às ruas de pedestres os seus carros.

Eu observava os transeuntes. Entre eles, como nessas vinhetas de paisagens em que linhas contornam a forma dos personagens que precisam ser descobertos, talvez estivesse um ou outro desses antigos estudantes de 1963, que revejo com tanta nitidez enquanto escrevo, e que agora me são invisíveis. Na mesa ao lado da minha havia uma bela moça morena, de pele cor de mate, boca pequena e volumosa, que me lembrava L.B. Me agrada pensar que era sua filha.)

Ir para o Maciço Central, reencontrar P., embora sem a menor certeza de que ele quisesse me rever, gastar parte do dinheiro que era indispensável para pagar o aborto, nada disso era razoável. Mas eu nunca tinha esquiado e precisava de uma espécie de *período de carência* antes de ir ao *impasse* Cardinet, no 17º arrondissement.

Olho no guia *Michelin* o mapa de Mont-Dore, leio os nomes das ruas, Meynadier, Sidoine-Apollinaire, Montlozier, rua du Capitaine-Chazotte, praça du Panthéon etc. Descubro que o rio Dordogne atravessa a cidade e que há um balneário termal. É como se eu nunca tivesse ido lá.

Na minha agenda, "dançamos no Casino" — "vamos à Tannerie" — "ontem à noite, la Grange". Mas só vejo neve e o café lotado onde nos sentávamos no fim da tarde, com a jukebox que tocava "Si j'avais un marteau, ce serait le bonheur" ["Se eu tivesse um martelo, seria a felicidade"].

Lembranças de cenas seguidas de brigas e lágrimas, sem palavras. Não consigo identificar o que P. era naquele momento para mim, o que eu queria dele. Talvez obrigá-lo a reconhecer como um sacrifício, até mesmo uma "prova de amor", esse aborto, ainda que eu tivesse tomado a decisão em função do meu desejo e dos meus interesses.

Annick e Gontran, estudantes de direito, não sabiam que eu estava grávida e que queria abortar. P. não via por que lhes contar, considerava-os burgueses conformistas demais para uma revelação como aquela — eles estavam noivos e não dormiam juntos. Ele parecia, acima de tudo, ansioso por não estragar a atmosfera das férias com aquilo. Era só eu mencionar o assunto que ele se aborrecia. Não tinha encontrado nenhuma solução em Bordeaux. Duvidei que tivesse procurado.

O casal, abastado, estava hospedado em um hotel antigo e chique; P. e eu, em uma pequena pensão. Transávamos pouco, e rapidamente, sem aproveitar a vantagem que meu estado proporcionava — o mal estava feito —, assim como o desempregado não aproveita o tempo e a liberdade proporcionados pela ausência de trabalho, ou o doente terminal a permissão de comer e beber de tudo.

Um tom leve de provocação era a regra dos diálogos entre o grupo, às vezes interrompidos por incidentes leves ou um comentário agressivo, logo contidos pelo desejo do consenso. Eles haviam se saído bem nas aulas, tinham preparado os trabalhos; a despreocupação a que se entregavam com vontade coroava o bom desempenho como estudantes. Eles queriam se divertir, dançar, assistir a *Testamento de um gângster*. Minha única verdadeira ocupação no trimestre tinha sido procurar um meio de abortar. Eu me esforçava para ficar à altura do bom humor generalizado, mas não acho que tenha conseguido. Era uma garota que ia no embalo.

Eu só via interesse nas atividades físicas, com a esperança de que um esforço intenso, ou uma queda, pudesse desenroscar "aquilo", tornando inútil minha visita à mulher do 17º arrondissement. Quando Annick me emprestava seus esquis e calçados, que eu não tinha condições de alugar, eu caía sem tentar me segurar, acreditando toda vez que forçava o choque que me libertaria. Um dia, enquanto P. e Annick se recusavam a ir mais alto, eu empreendi, na companhia apenas de Gontran, a subida do Puy Jumel com minhas botas de couro falso, largas, que se enchiam de neve. Avançava com os olhos fixos na inclinação, ofuscados pelo brilho cintilante, arrancando com cada vez mais dificuldade as botas da neve pulverulenta, tendo apenas um desejo: fazer aquele embrião se soltar. Estava convencida de que devia alcançar o topo e o limite de minhas forças para me livrar daquilo. Eu me exauria para matá-lo embaixo de mim.

Todas as vezes que pensei na semana em Mont-Dore, vi uma vastidão ofuscante de sol e neve que conduziria às trevas do mês de janeiro. Talvez porque uma memória primitiva nos faça ver toda a vida passada sob a forma elementar da sombra e da luz, do dia e da noite.

(Escrevendo, sempre surge a questão da evidência: além do diário e da agenda do período, acho que não disponho de nenhuma certeza a respeito dos sentimentos e pensamentos, devido à imaterialidade e à evanescência daquilo que atravessa a mente.

Só a lembrança das sensações ligadas a seres e coisas fora de mim — a neve do Puy Jumel, os olhos arregalados de Jean T., a canção da Irmã Sorriso — me traz a prova da realidade. A única memória verdadeira é material.)

No dia 31 de dezembro, fui embora de Mont-Dore no carro de uma família que aceitara me levar até Paris. Eu não participava da conversa. Em certo momento, uma mulher disse que a moça que morava no quarto de empregada tinha tido um aborto espontâneo, "ela gemeu a noite toda". Da viagem, só guardei o tempo chuvoso e essa frase. É uma daquelas frases que, ora assustadoras, ora reconfortantes, mais ou menos anônimas, me conduziram em direção à provação, me acompanhando como um viático até que chegasse a minha vez.

(Tenho a impressão de que só comecei a fazer este relato para chegar a essas imagens de janeiro de 1964, no 17º arrondissement, da mesma forma que, aos quinze anos, eu vivia para colher uma ou duas imagens de mim no futuro: viajando a um país longínquo, fazendo amor. Ainda não sei quais palavras virão para mim. Não sei o que a escrita está trazendo. Queria atrasar esse momento, ficar um tempo ainda nessa espera. Medo, talvez, de que a escrita dissolva essas imagens, como as do desejo sexual que se apagam instantaneamente depois do orgasmo.)

Na quarta-feira, dia 8 de janeiro,* fui a Paris para encontrar a mulher e resolver com ela os detalhes práticos, o dia, o dinheiro. Querendo economizar a viagem, pedi carona ao pé da colina Sainte-Catherine. Na minha situação, um perigo a mais ou a menos não fazia diferença. Caía uma neve derretida. Um carro grande parou, "um Jaguar", foi o que o motorista respondeu quando lhe perguntei. Ele segurava o volante com os braços esticados, estava de luva, não falou nada. Me deixou em Neuilly, e peguei o metrô. Quando cheguei ao 17º arrondissement, já estava escuro. Na placa da rua se lia "*passage* Cardinet", e não "*impasse* Cardinet"; era um sinal que me tranquilizava. Cheguei ao número..., um imóvel vetusto. A sra. P.-R. morava no segundo andar.

Milhares de moças subiram uma escada, bateram numa porta atrás da qual havia uma mulher de quem nada sabiam, a quem confiariam seu sexo e seu ventre. E essa mulher, a única pessoa capaz de fazer o sofrimento passar, abria a porta, de

* Escrever a data é para mim uma necessidade ligada à realidade do acontecimento. E é a data que, em certo momento, para John Fitzgerald Kennedy — 22 de novembro de 1963 —, para todo mundo, separa a vida da morte. (N.A.)

avental e chinelo de estampa de bolinhas, um pano de prato na mão: "Pois não, senhorita?".

A sra. P.-R. era pequena e cheinha, usava óculos, um coque grisalho, roupas escuras. Lembrava as mulheres mais velhas do interior. Fez com que eu entrasse rápido na cozinha estreita e sombria, depois passasse para o quarto um pouco maior, com móveis antiquados; eram os dois únicos cômodos da casa. Ela me perguntou quando tinha sido minha última menstruação. Três meses — segundo ela, era o momento adequado para agir. Abriu meu casaco e apalpou meu ventre com as duas mãos, por cima da saia, exclamando com certa satisfação, "você está com uma barriguinha!". Disse também, erguendo os ombros, quando falei dos meus esforços esquiando, "imagine só, ele ganhou forças!". Ela falava dele alegremente, como de um animal maligno.

Eu estava de pé perto da cama, diante dessa mulher de pele acinzentada, que falava rápido, com gestos nervosos. Era a ela que eu ia confiar o interior do meu ventre, era aqui que tudo se passaria.

Ela me disse para voltar na quarta seguinte, o único dia em que ela poderia trazer um espéculo da clínica onde trabalhava. Ela introduziria uma sonda, e mais nada, nem água com sabão, nem água sanitária. Confirmou seu preço, quatrocentos francos em espécie. Ela tomava as rédeas com determinação. Sem familiaridade — não se dirigia a mim de modo informal — e discreta — não fazia nenhuma pergunta —, ia ao essencial, data da última menstruação, preço, técnica utilizada. Essa materialidade pura tinha algo de estranho e reconfortante. Nem sentimentos, nem moral. Por experiência, a sra. P.-R. certamente sabia que um discurso limitado aos detalhes práticos evitava lágrimas e desabafos que fazem perder tempo, ou mudar de ideia.

Mais tarde, lembrando-me de seus olhos que piscavam rápido, do lábio inferior que ela mordia de vez em quando, de alguma coisa imperceptivelmente assustada naquela mulher, eu diria que ela também tinha medo. Mas, assim como nada poderia me impedir de abortar, nada a faria desistir. Pelo dinheiro, naturalmente, e talvez também por um sentimento de ser útil às mulheres. Ou, ainda, para ela, que passava o dia esvaziando penicos de doentes e parturientes, pela satisfação secreta de ter, em seu quarto e sala, na passagem Cardinet, o mesmo poder dos médicos que mal lhe diziam bom-dia. Era preciso então cobrar caro, pelos riscos, por esse saber que nunca seria reconhecido e pela vergonha que teriam dela logo em seguida.

Depois dessa primeira visita à passagem Cardinet, comecei a tomar penicilina e dentro de mim só havia espaço para o medo. Eu via a cozinha e o quarto da sra. P.-R., não queria imaginar o que ela ia fazer. No restaurante universitário, dizia às garotas que eu iria remover uma grande pinta nas costas e que estava com medo. Elas pareciam surpresas de me ver manifestar tamanha angústia por causa de uma intervenção que, no final das contas, era leve. Dizer que eu estava com medo me tranquilizava: durante um segundo, podia acreditar que, no lugar de uma cozinha e uma velha auxiliar de enfermagem, o que me esperava era uma sala de operação brilhando e um cirurgião com luvas de borracha.

(Não é mais possível sentir agora o que eu devia estar experimentando naquele momento. É só quando vislumbro, ao acaso, numa fila de supermercado ou dos correios, uma mulher qualquer de uns sessenta anos, de aspecto rude e antipático, e a imagino remexendo dentro do meu sexo com um objeto desconhecido, que me aproximo vagamente do estado em que estive mergulhada durante uma semana.)

Na quarta-feira, dia 15 de janeiro, peguei um trem para Paris no começo da tarde. Cheguei ao 17º arrondissement mais de uma hora antes do horário combinado com a sra. P.-R. Vaguei pelas ruas ao redor da passagem Cardinet. Fazia um tempo ameno, úmido. Entrei em uma igreja, Saint-Charles-Borromée, onde passei um bom tempo sentada pedindo para não sofrer. Ainda não era a hora. Esperei num café perto da passagem Cardinet, tomando um chá. Na mesa vizinha, estudantes, os únicos clientes, jogavam 421, e o dono do café brincava com eles. Eu olhava o relógio a cada instante. Na hora de ir, desci até o banheiro, pelo hábito inculcado desde a infância de tomar precauções antes de um evento importante. Olhei para mim mesma no espelho da pia, pensando algo como "é comigo que isso está acontecendo" e "eu não vou aguentar".

A sra. P.-R. tinha preparado tudo. Vi sobre o fogão uma panela com água fervendo onde deviam estar os instrumentos. Ela me acompanhou até o quarto, parecia apressada para começar. No final da cama ela instalara uma mesa, coberta por uma toalha branca. Tirei a meia, a calcinha, e acho que fiquei com a saia preta porque era larga. Enquanto eu tirava a roupa, ela me perguntou "você sangrou muito quando perdeu a virgindade?". Disse para me deitar na cama, apoiar a cabeça sobre o travesseiro, e pôr o quadril e as pernas, dobradas, em posição elevada sobre a mesa. Não parava de falar enquanto fazia o trabalho, deixando claro mais uma vez que estava introduzindo apenas a sonda, nada mais. Mencionou o caso de uma mãe de família encontrada morta na semana anterior, largada numa mesa de jantar por uma mulher que tinha injetado água sanitária nela. A sra. P.-R. falava de modo exaltado, visivelmente indignada por tamanha falta de consciência profissional. Eram palavras com o objetivo de me reconfortar. Eu teria preferido que ela não tivesse dito aquilo. Mais tarde, imaginarei que ela estava puxando a brasa para a sua sardinha.

Ela estava sentada de frente para a mesa, ao pé da cama.

Eu via a janela com as cortinas, outras janelas do outro lado da rua, a cabeça grisalha da sra. P.-R. entre minhas pernas. Não tinha imaginado que eu poderia estar ali. Talvez tenha pensado nas garotas que, naquele mesmo instante, estavam debruçadas sobre os livros na faculdade, na minha mãe passando roupa e cantarolando, em P. andando em uma rua de Bordeaux. Mas não precisamos pensar nas coisas para que elas estejam ao nosso redor, e foi sem dúvida a certeza de saber que para a maioria das pessoas a vida seguia seu curso como antes que me levava a repetir "o que eu estou fazendo aqui?".

Chego até a imagem do quarto. Ela excede a análise. Só posso mergulhar nela. Tenho a impressão de que aquela mulher em plena atividade entre minhas pernas, que introduz o espéculo, me faz nascer.

Eu matei minha mãe em mim naquele momento.

Durante anos vi esse quarto e essas cortinas como eu os via da cama onde estava deitada. Talvez tenha se tornado um cômodo claro, com móveis da Ikea, dentro de um apartamento de um jovem executivo que comprou o andar inteiro. Mas nada pode me tirar a certeza de que esse quarto guarda a lembrança das garotas e mulheres que foram até ali para serem perfuradas com uma sonda.

Houve uma dor atroz. Ela dizia "pare de gritar, querida" e "eu preciso fazer meu trabalho", ou talvez outras palavras que queriam dizer a mesma coisa, a obrigação de ir até o fim. Palavras que encontrei depois nos relatos de mulheres que abortaram clandestinamente, como se naquele momento só pudesse haver essas palavras de necessidade e, às vezes, compaixão.

Não sei mais quanto tempo ela demorou para introduzir a sonda. Eu chorava. Parei de sentir dor, apenas uma sensação de peso no ventre. Ela disse que tinha acabado, que eu não devia tocar em nada. Tinha posto uma boa camada de algodão, caso vazasse um pouco de água. Podia ir ao banheiro tranquilamente, andar. Em um ou dois dias aquilo iria embora, caso contrário eu devia ligar. Tomamos café na cozinha. Para ela também tinha sido difícil, mas estava feito. Não lembro em que momento dei o dinheiro.

Ela queria saber, preocupada, como eu voltaria para casa. Fazia questão de me acompanhar até a estação Pont-Cardinet, de onde um trem me levaria diretamente à estação Saint-Lazare. Eu queria ir embora sozinha e não vê-la mais. Mas não quis ofendê-la recusando uma gentileza que, naquele momento, eu não desconfiava ser ditada pelo medo de me encontrarem desmaiada na porta da casa dela. Ela vestiu um casaco e ficou de pantufas.

Lá fora, tudo se tornou subitamente irreal. Andávamos uma ao lado da outra no meio da calçada e avançávamos para o fim da passagem Cardinet, que tinha a perspectiva barrada pelo muro de um prédio, deixando passar apenas uma fenda de luz. É uma cena lenta, o dia não está mais muito claro. Nada da minha infância ou da minha vida de antes me conduziu até ali. Cruzamos com alguns transeuntes, parecia que eles me olhavam e que, ao ver nossa dupla, sabiam o que tinha acabado de acontecer. Eu me sentia abandonada pelo mundo, exceto por essa senhora de casaco preto que me acompanhava como se fosse minha mãe. Na luz da rua, fora de seu antro, com sua pele cinzenta, ela me provocava aversão. A mulher que estava me salvando parecia uma bruxa ou uma velha cafetina.

Ela me deu um bilhete e esperou comigo na plataforma até que chegasse um trem para Saint-Lazare.

(Não tenho mais certeza se ela calçava pantufas. E se lhe atribuí esse costume das mulheres que saem assim de casa para fazer compras na mercearia do bairro, foi porque para mim ela é uma figura do meio popular, do qual eu estava me distanciando.)

Nos dias 16 e 17 de janeiro, esperei as contrações. Escrevi a P. que não queria nunca mais revê-lo e a meus pais para dizer que não voltaria para casa no final de semana porque ia ver as *Valsas de Viena* — cartazes desse evento estavam espalhados por toda a parte em Rouen, e me deram um pretexto cuja veracidade eles poderiam conferir no jornal.

Nada acontecia. Eu não sentia dor. Na noite do dia 17, uma sexta-feira, fui até o correio perto da estação e liguei para a sra.

P.-R. Ela me disse para voltar a vê-la no dia seguinte pela manhã. No meu diário, onde não há mais nada escrito desde o dia 1º de janeiro, anotei na data de sexta-feira, dia 17, "ainda estou esperando. Amanhã voltarei à casa da fazedora de anjos, já que ela não conseguiu".

Sábado, dia 18, peguei bem cedo o trem para Paris. Fazia muito frio, tudo estava branco. No vagão, atrás de mim, duas garotas falavam sem parar e riam de tempos em tempos. Escutando-as, eu me sentia sem idade.

A sra. P.-R. me recebeu com exclamações sobre o frio glacial e me fez entrar rapidamente. Um homem estava sentado na cozinha, mais jovem do que ela, com uma boina na cabeça. Ele não parecia surpreso ou incomodado por me ver. Não lembro se ficou ou se foi embora, mas deve ter dito algumas palavras, pois achei que fosse italiano. Na mesa havia uma bacia cheia de água fumegante onde boiava um cano fino e vermelho. Compreendi que era a nova sonda que ela pretendia enfiar em mim. Eu não tinha visto a primeira. Aquilo parecia uma serpente. Do lado da bacia, havia uma escova de cabelo.

(Se eu tivesse de representar por um único quadro esse acontecimento da minha vida, pintaria uma mesa pequena encostada na parede, coberta de fórmica, com uma bacia esmaltada onde flutua uma sonda vermelha. Ligeiramente à direita, uma escova de cabelo. Não creio que exista um *Ateliê da fazedora de anjos* em nenhum museu do mundo.)

Como da primeira vez, ela me disse para ir até o quarto. Eu não tinha mais medo do que ela ia fazer. Não senti dor. No momento em que retirou a primeira sonda para introduzir a da bacia, ela berrou, "você está em pleno trabalho!". Era uma frase de parteira. Eu não tinha pensado até ali que tudo isso podia se comparar a um parto. Ela não me pediu mais dinheiro, só queria que depois eu devolvesse a sonda, pois era difícil conseguir desse modelo.

No meu compartimento, na volta de Paris, uma mulher lixava as unhas interminavelmente.

O papel prático da sra. P.-R. termina aqui. Ela havia concluído sua tarefa, iniciara o processo para eliminar o problema. Não tinha sido paga para me assistir na etapa seguinte.

(No momento em que estou escrevendo, refugiados kosovares em Calais tentam entrar clandestinamente na Inglaterra. Os coiotes exigem somas enormes e às vezes desaparecem antes da travessia. Mas nada detém os kosovares, nem qualquer migrante dos países pobres: eles não têm outra salvação. Perseguem-se os coiotes, deplora-se a existência deles como há trinta anos a das mulheres que abortavam. Não se questionam as leis e a ordem mundial que os induzem. E deve muito bem haver, entre os coiotes de imigrantes, como antigamente entre aqueles de crianças, alguns que são mais sérios do que outros.

Arranquei bem rápido da minha caderneta de endereços a página onde figurava o nome da sra. P.-R. Nunca o esqueci. Reencontrei esse sobrenome seis ou sete anos depois, em um aluno da quinta série, loiro e taciturno, com dentes cariados, grande e velho demais para aquela turma. Nunca pude chamá-lo para tomar a lição, ou ler seu nome numa folha, sem associá-lo à lembrança da mulher da passagem Cardinet. Esse garoto só existiu para mim acoplado a uma velha fazedora de anjos, de quem parecia ser o neto. Quanto ao homem que eu tinha encontrado na cozinha da sra. P.-R., sem dúvida seu companheiro, revi-o por muitos anos em uma pequena mercearia de Annecy, na praça da Notre-Dame: um italiano com sotaque forte e uma boina na cabeça. Tanto que hoje não consigo mais distinguir a cópia do original, a ponto de realocar na passagem Cardinet, em um sábado glacial de janeiro, aquele que me vendia fitas de entretela e botões de jarina nos anos 1970, ao lado de uma pequena mulher ágil e sem idade.)

Ao descer do trem, liguei para o dr. N. Disse que haviam posto uma sonda em mim. Talvez eu tivesse a esperança de que ele me dissesse para ir a seu consultório, como no mês anterior, e desse prosseguimento à tarefa da sra. P.-R. Ele ficou mudo, depois me aconselhou Masogynestril.* Pelo seu tom, compreendi que me ver era a última coisa que ele desejava e que eu não devia mais telefonar.

(Eu não podia imaginá-lo — como agora sou capaz de fazer — subitamente molhado de suor em seu consultório ao ouvir aquela voz de moça declarando que estava andando por aí havia dois dias com uma sonda no útero. Paralisado pelo dilema. Se aceitasse vê-la, a lei o obrigava a retirar o mais rápido possível aquele dispositivo e fazê-la continuar a gravidez não desejada. Se recusasse, ela podia morrer por isso. Nenhuma das alternativas era boa, e ele estava sozinho. Então, Masogynestril.)

* Não tenho certeza do nome desse antiespasmódico uterino, que não é mais vendido. (N.A.)

Entrei na farmácia mais próxima, em frente ao Métropole, para comprar o remédio do dr. N. Era uma mulher: "Você tem receita? Não podemos vender esse medicamento sem receita". Eu estava no meio da farmácia. Atrás do balcão, dois ou três farmacêuticos de jaleco branco me olhavam. A falta de receita sinalizava a minha culpa. Eu tinha a impressão de que eles viam a sonda através das minhas roupas. Foi um dos momentos em que estive mais desesperada.

(Você tem uma receita? Precisa de uma receita! Nunca mais pude escutar essas palavras, e ver a cara do farmacêutico logo se fechar quando a resposta era não, sem ficar arrasada.

Escrevendo, devo às vezes resistir ao lirismo da cólera ou da dor. Não quero fazer neste texto o que não fiz na vida naquele momento, ou que fiz muito pouco — gritar e chorar. Somente permanecer o mais perto possível da sensação de um fluxo inerte do sofrimento, como a que tive com a pergunta de uma farmacêutica e com a visão de uma escova de cabelo ao lado da bacia de água onde estava imersa uma sonda. Pois a perturbação que sinto ao rever imagens, ao voltar a escutar palavras, não tem nada a ver com o que eu sentia então; é apenas uma emoção da escrita. Quero dizer: que permite a escrita e constitui o signo de sua verdade.)

No final de semana, só ficavam na cidade universitária as estudantes estrangeiras e algumas cujos pais moravam longe. O restaurante universitário, ao lado, estava fechado. Mas eu não tinha necessidade de falar com ninguém. Na minha lembrança não há medo, mas uma certa tranquilidade, a de não ter mais nada a fazer além de esperar.

Eu não conseguia ler nem ouvir discos. Peguei uma folha de papel e desenhei a passagem Cardinet tal como a vi ao descer da casa da aborteira, muros altos que se aproximam, com uma fenda ao fundo. Foi a única vez em minha vida adulta que tive vontade de fazer um desenho.

No domingo à tarde caminhei pelas ruas frias e ensolaradas de Mont-Saint-Aignan. A sonda não me incomodava mais. Era um objeto que fazia parte do meu ventre, uma aliada que eu só reprovava por não agir rápido o suficiente.

No meu diário, dia 19 de janeiro: "Pequenas dores. Fico me perguntando quanto tempo vai levar para esse embrião morrer e ser expulso. Uma corneta tocava 'A marselhesa', risos no andar de cima. E assim é a vida".

(Pois então, não era bem um sofrimento. Seria preciso, talvez, procurar o que realmente era aquilo na necessidade que eu tive de me imaginar de novo naquele quarto, naquele domingo, para escrever meu primeiro livro, *Les armoires vides* [Os armários vazios], oito anos depois. No desejo de condensar, naquele domingo e naquele quarto, toda a minha vida até os vinte anos.)

Na segunda de manhã, fazia cinco dias que eu vivia com uma sonda. Por volta do meio-dia, peguei o trem para Y., para um bate e volta até a casa dos meus pais, temendo que eu não estaria em condições de vê-los no sábado seguinte. Talvez, como de costume, eu tenha tirado cara ou coroa para saber se daria tempo de correr esse risco. O tempo estava esquentando, minha mãe tinha aberto as janelas dos quartos. Verifiquei minha calcinha.

Estava toda molhada de sangue e água que escorriam pela sonda que começava a sair do sexo. Eu via as casinhas baixas do bairro, os jardins, a mesma paisagem desde a minha infância.

(Uma outra imagem, de nove anos antes, desliza agora sobre essa. A da grande mancha rosada, de sangue e humores, deixada no meio do meu travesseiro pela gata morta enquanto eu estava na escola e já enterrada quando voltei, numa tarde de abril, com seus gatinhos mortos dentro dela.)

Peguei o trem das quatro e vinte para Rouen. O trajeto durava só quarenta minutos. Como de costume, eu levava Nescafé, leite condensado e uns pacotes de biscoito.

Naquela noite, no cineclube do La Faluche ia passar *O encouraçado Potemkin*. Fui com O. Algumas dores, para as quais eu não tinha dado atenção no começo, pressionavam meu ventre em intervalos. A cada contração eu encarava a tela segurando o fôlego. Os intervalos diminuíam. Eu não acompanhava mais o filme. Apareceu um enorme pedaço de carne suspenso por um anzol, cheio de vermes. Foi a última imagem que guardei do filme. Levantei e corri até a cidade universitária. Deitei e comecei a me agarrar à cabeceira da cama, me contendo para não gritar. Vomitei. Mais tarde, O. entrou, o filme tinha acabado. Ela sentou perto de mim, sem saber o que fazer, me aconselhando a respirar como as mulheres no parto sem dor, feito um cachorrinho. Eu só conseguia arfar entre as dores e elas não paravam. Tinha passado da meia-noite, O. foi dormir dizendo para chamá-la caso precisasse. Nem eu nem ela sabíamos como seria a etapa seguinte.

Senti uma vontade violenta de cagar. Corri para o banheiro, do outro lado do corredor, e me agachei na privada, de frente para a porta. Via o piso entre minhas coxas. Eu empurrava com todas as minhas forças. Aquilo jorrou como uma granada, num esguicho d'água que se espalhou até a porta. Vi um bonequinho pender de meu sexo na ponta de um cordão avermelhado. Eu não tinha imaginado ter aquilo dentro de mim. Era preciso que eu voltasse com ele até meu quarto. Peguei com uma mão — era estranhamente pesado — e avancei no corredor apertando-o entre minhas coxas. Eu era um animal.

A porta de O. estava entreaberta, havia luz, chamei-a baixinho, "pronto".

Estamos as duas no meu quarto. Estou sentada na cama com o feto entre as pernas. Não sabemos o que fazer. Digo a O. que é preciso cortar o cordão. Ela pega a tesoura, não sabemos em que lugar cortar, mas ela o faz. Olhamos o corpo minúsculo, com uma grande cabeça, os olhos são duas manchas azuis sob as pálpebras transparentes. Parecia uma boneca indiana. Olhamos o sexo. Temos a impressão de ver um início de pênis. Então eu tinha sido capaz de fabricar isso. O. senta no banco, chora. Choramos silenciosamente. É uma cena sem nome, a vida e a morte ao mesmo tempo. Uma cena de sacrifício.

Não sabemos o que fazer com o feto. O. vai até seu quarto pegar um saco de torradas vazio e eu o ponho dentro. Vou até o banheiro com o saco. Parece que tem uma pedra lá dentro. Viro o saco na privada. Puxo a descarga.

No Japão, os embriões abortados são chamados de "mizuko", os filhos da água.

Os gestos da noite se fizeram por si mesmos. Naquele momento, eram os únicos que podiam ser feitos.

Por suas crenças e seu ideal burguês, O. não estava preparada para cortar o cordão de um feto de três meses. A essa altura, talvez ela se lembre desse episódio como uma desordem inexplicável, uma anomalia em sua vida. Talvez ela condene as IVG.* Mas foi ela, de quem volto a ver o rostinho franzido em prantos, apenas ela que esteve a meu lado naquela noite, num papel improvisado de parteira, no quarto 17 da cidade universitária feminina.

Eu perdia sangue. No começo não dei importância, achei que já tinha terminado tudo. O sangue saía aos borbotões do cordão cortado. Estava esticada na cama sem me mover e O. passava toalhas de banho em mim que se encharcavam rapidamente. Eu não queria saber de médicos, até ali tinha me virado muito bem sem eles. Quis me levantar, e só vi fagulhas brilhantes, pensei que fosse morrer de hemorragia. Gritei que precisava de um médico imediatamente. O. desceu para chamar o porteiro, ele não respondia. Em seguida, houve algumas vozes. Eu tinha certeza de que já tinha perdido sangue demais.

Com a entrada em cena do médico, começa a segunda parte da noite. De experiência pura da vida e da morte, ela se tornou exposição e julgamento.

* IVG, Interruption Volontaire de Grossesse [Interrupção Voluntária da Gravidez], designa na França, desde 1975, os casos de aborto por razões não médicas. (N.T.)

Ele sentou na minha cama e me segurou pelo queixo: "Por que você fez isso? Como você fez isso, responda!". Ele me encarava com olhos brilhantes. Eu implorava para que ele não me deixasse morrer. "Olhe para mim! Jure que nunca mais fará isso! Nunca!" Por causa de seus olhos loucos, acreditei que fosse capaz de me deixar morrer se eu não jurasse. Ele pegou seu receituário, "você vai ao hospital Hôtel-Dieu". Eu disse que preferia ir a uma clínica. De modo firme, ele repetiu "ao Hôtel--Dieu", deixando claro que o único lugar para uma garota como eu era o hospital. Disse que eu tinha de pagar a visita. Eu não conseguia me levantar, ele abriu a gaveta da minha escrivaninha e pegou o dinheiro na minha carteira.

(Acabo de achar entre meus papéis essa cena, escrita há vários meses. Percebo que eu tinha usado as mesmas palavras, "ele era capaz de me deixar morrer" etc. São também as mesmas comparações que me vêm sempre que penso no momento em que aborto no banheiro, o jorro de um obus ou de uma granada, a tampa de um barril que pula. Essa impossibilidade de dizer as coisas com palavras diferentes, essa união definitiva da realidade passada e de uma imagem que exclui qualquer outra me parecem a prova de que *realmente* vivi *assim* o acontecimento.)

Desci do quarto numa maca. Tudo estava embaçado, eu estava sem meus óculos. Então os antibióticos e o sangue frio da primeira parte da noite não tinham servido para nada, tudo ia acabar no hospital. Tinha a sensação de ter agido bem até a hemorragia. Eu procurava o erro, que com certeza tinha começado com o cordão que não deveria ter sido cortado. Eu não tinha mais controle de nada.

(Sinto que nada vai mudar quando este livro estiver pronto. Minha determinação, meus esforços, todo esse trabalho secreto, até clandestino, pois ninguém desconfia que estou escrevendo sobre isso, vai desaparecer imediatamente. Não terei mais nenhum poder sobre meu texto, que será exposto como foi meu corpo no Hôtel-Dieu.)

No hall do hospital, me passaram para uma cama com rodinhas, que embicaram de frente para o elevador, entre as pessoas que iam e vinham. Minha vez de ser levada não chegava nunca. Apareceu uma moça com uma barriga enorme, acompanhada de outra mulher, que devia ser sua mãe. Ela disse que ia parir. A enfermeira a repreendeu, ainda faltava muito. A moça queria ficar, houve uma briga e ela foi embora com sua acompanhante. A enfermeira deu de ombros, "aquela ali está aprontando com a gente há quinze dias!". Entendi que era uma moça de vinte anos, sem marido. Ela havia mantido o bebê, mas não era mais bem tratada do que eu. A moça abortada e a mãe solteira dos bairros pobres de Rouen estavam no mesmo barco. Talvez tivessem mais desprezo por ela do que por mim.

Na sala de cirurgia, fiquei nua, com as pernas levantadas e presas aos suportes por uma correia, sob uma luz violenta. Eu não entendia por que precisava ser operada, se não havia mais nada a ser retirado do meu ventre. Implorei ao jovem cirurgião para me dizer o que ele ia fazer. Ele se posicionou de frente para minhas coxas abertas, gritando: "Eu não sou o encanador!". Foram as últimas palavras que escutei antes da anestesia.

("Eu não sou o encanador!" Essa frase, como todas as que marcam esse acontecimento, frases muito ordinárias, proferidas por pessoas que falavam sem refletir, ainda repercute em mim. Nem a repetição, nem um comentário sociopolítico podem atenuar a violência: eu não "esperava" por isso. De modo fugaz, creio ver um homem de branco, com luvas de borracha, que me enche de pancada gritando "eu não sou o encanador!". E essa frase, inspirada talvez por um esquete de Fernand Raynaud que fazia a França inteira rir, continua a hierarquizar o mundo em mim, a separar, como que a golpes de cassetete, médicos de operários e de mulheres que abortam, os dominantes dos dominados.)

Acordei, estava de noite. Escutei uma mulher entrar e gritar para eu ficar calada pelo amor de Deus. Perguntei se tinham tirado meus ovários. Ela me tranquilizou com brutalidade: fizeram simplesmente uma curetagem. Eu estava sozinha no quarto, vestida com a camisola do hospital. Escutei choros de bebê. Meu ventre era uma concavidade flácida.

Soube que havia perdido durante a noite o corpo que eu tivera desde a adolescência, com seu sexo vivo e secreto, que tinha absorvido o sexo do homem sem se alterar — e assim se tornado ainda mais vivo e secreto. Eu tinha um sexo exposto, rasgado, um ventre raspado, aberto para o exterior. Um corpo parecido com o de minha mãe.

Olhei a folha de papel pendurada no pé da cama. Nela estava escrito "útero gravídico". Eu estava lendo pela primeira vez essa palavra "gravídico", e ela me desagradava. Quando lembrei da palavra em latim — *gravidus*, pesado —, entendi qual era o sentido. Não entendi por que escreveram isso, se eu não estava mais grávida. Não queriam, então, dizer o que havia acontecido comigo.

Ao meio-dia, deixaram a meu lado uma carne cozida sobre um repolho esmagado, cheio de nervos e veias protuberantes, que ocupava o prato todo. Não consegui nem encostar. Tinha a impressão de que me davam minha placenta para comer.

No corredor reinava uma grande agitação que parecia irradiar do carrinho de comida. Em intervalos regulares, uma voz de mulher gritava alto, "uma gemada para a sra. X ou Y que está amamentando", como um privilégio.

O residente da noite anterior passou no quarto. Ele não se aproximou, parecia sem jeito. Achei que estivesse com vergonha por ter me maltratado na sala cirúrgica. Fiquei constrangida por ele. Engano meu. Ele estava envergonhado apenas porque — já que não sabia nada sobre mim — tinha tratado uma estudante da faculdade de letras como se fosse uma operária têxtil ou uma caixa de supermercado, como descobri naquela mesma noite.

Todas as luzes estavam apagadas fazia bastante tempo. A enfermeira da noite, uma mulher de cabelos grisalhos, voltou ao meu quarto e se aproximou silenciosamente da cabeceira da minha cama. Na penumbra da luz noturna, eu via sua expressão bondosa. Ela cochichou, num tom de bronca: "Na noite passada, por que você não disse ao doutor que era como ele?". Depois de alguns segundos de dúvida, eu compreendi o que ela queria dizer: do mundo dele. Ele só havia descoberto que eu era universitária depois da curetagem, certamente pela minha carteirinha do plano de saúde de estudantes da França. Ela imitava o espanto e a cólera do residente, "mas afinal, por que ela não me disse isso, por quê?!", como se ela própria estivesse indignada pela minha atitude. Devo ter pensado que a mulher tinha razão e que era minha culpa se ele tinha se comportado de modo violento: ele não sabia com quem estava falando.

Ao deixar meu quarto, aludindo a meu aborto, ela concluiu com convicção, "você está bem mais tranquila assim!". Foi a única palavra de consolo que me ofereceram no Hôtel-Dieu e que eu atribuí não tanto a uma cumplicidade entre mulheres, mas a uma aceitação das "pessoas humildes" pelo direito dos "superiores" de se colocarem acima da lei.

(Se eu tivesse descoberto o nome desse residente de plantão da noite do dia 20 ao 21 de janeiro de 1964, e se me lembrasse dele, não hesitaria em registrá-lo aqui. Mas seria uma vingança inútil e injusta na medida em que seu comportamento devia ser apenas uma amostra de uma prática geral.)

Meus seios começaram a inchar e a doer. Disseram que devia ser a descida do leite. Não havia imaginado que meu corpo pudesse fabricar leite para alimentar um feto de três meses morto. A natureza continuava a trabalhar automaticamente na ausência. Enfaixaram meu peito. Cada volta da faixa achatava mais e mais meus seios, como para empurrá-los para dentro. Achei que nunca mais voltariam ao normal. Uma auxiliar de enfermagem pôs uma chaleira na mesinha de cabeceira, "quando você tiver bebido tudo, não vai mais sentir dores nos seios!".

Falei da hemorragia e da prática punitiva do Hôtel-Dieu a Jean T., L.B. e J.B., que vieram me ver, os três juntos. Fiz um relato bem-humorado, que eles gostaram de escutar — omiti os detalhes que, depois disso, nunca mais esqueci. L.B. e eu comparávamos com prazer nossos abortos. J.B. contou que uma mulher da venda da esquina havia dito que não valia a pena ir até Paris para abortar, tinha uma fulana no mesmo bairro que só cobrava trezentos francos. Brincávamos pensando nos cem francos que eu poderia ter economizado. Agora podíamos rir da humilhação e do medo, de tudo aquilo que não nos impedira de transgredir a lei.

Não lembro ter lido nada durante os cinco dias que passei no Hôtel-Dieu. Não se podia ouvir rádio. Em três meses, era a primeira vez que não esperava por mais nada. Ficava deitada, via pela janela os telhados de outra ala do hospital.

Os recém-nascidos choravam intermitentemente. Não havia nenhum berço no meu quarto, mas eu também tinha dado à luz. Não me sentia diferente das mulheres da sala vizinha. Tinha a impressão, inclusive, de que eu sabia mais do que elas por causa dessa ausência. No banheiro da cidade universitária, eu tinha parido uma vida e uma morte ao mesmo tempo. Pela primeira vez, sentia-me parte de uma cadeia de mulheres por onde passavam as gerações. Foram dias cinza de inverno. Eu flutuava na luz no meio do mundo.

Fui embora do Hôtel-Dieu no sábado, 25 de janeiro. L.B. e J.B. se encarregaram das formalidades e me acompanharam até a estação. Da agência dos correios vizinha, liguei para o dr. N. para lhe dizer que tinha acabado tudo. Ele me aconselhou a tomar penicilina de novo — não tinham me dado nenhum remédio no hospital. Voltei para a casa de meus pais e, sob o pretexto de uma gripe, logo fui deitar. Pedi que chamassem o dr. V., que cuidava de toda a família. Avisado sobre meu aborto pelo dr. N., ele devia me examinar discretamente e receitar a penicilina.

Assim que minha mãe se afastou, o dr. V. começou a cochichar com excitação, querendo saber quem tinha feito aquilo. Disse, debochando, "por que você foi para Paris, se na sua rua tinha a dona... [eu não conhecia o nome que citou], ela faz isso muito bem!". Agora que eu não precisava mais delas, choviam fazedoras de anjos por todo lado. Mas eu não tinha nenhuma ilusão, o dr. V., que votava na direita e estava sempre na primeira fileira da missa de domingo, só me daria depois o endereço de que eu precisava antes. Sentado na minha cama, aproveitava sem esforço a cumplicidade que ele sempre manifestara em relação à boa aluna de "meio modesto", que talvez passasse para o seu mundo.

Uma única lembrança dos dias na casa dos meus pais, depois do hospital. Estou meio recostada na cama, com a janela aberta, lendo Gérard de Nerval, na edição da coleção 10-18. Olho minhas pernas de meias finas pretas estendidas no sol; são as pernas de uma outra mulher.

Voltei para Rouen. Era um mês de fevereiro frio e ensolarado. Não acho que retornei para o mesmo mundo. Os rostos dos transeuntes, os carros, as bandejas na mesa do restaurante universitário, tudo que eu via parecia transbordar de significados. Mas, justamente por causa desse excesso, eu não conseguia compreender nenhum. Havia, de um lado, os seres e as coisas, que significavam até demais; e, de outro, as frases, as palavras, que não significavam nada. Eu estava em um estado febril de consciência pura, além da linguagem, que a noite não interrompia. Dormia um sono leve, no qual tinha certeza de estar acordada. Diante de mim, flutuava um bonequinho branco, como aquele cachorro que, mesmo depois de seu cadáver ter sido jogado no éter, continua a seguir os astronautas em um romance de Jules Verne.

Eu ia à biblioteca trabalhar em minha monografia, negligenciada desde a metade de dezembro. Ler me tomava muito tempo, parecia que eu estava decifrando um código. O tema da monografia, a mulher no surrealismo, eu o via num conjunto luminoso, mas não conseguia decompor essa visão em ideias, exprimir num discurso linear o que percebia sob a forma de uma imagem onírica: sem contornos e, no entanto, de uma realidade irrefutável, mais real ainda do que os estudantes debruçados sobre os livros e o bedel gordo rondando as garotas que pesquisavam referências no arquivo. Eu estava ébria de uma inteligência sem palavras.

Escutava em meu quarto "A paixão segundo São João", de Bach. Quando vinha à tona o solo do evangelista recitando em alemão a paixão de Cristo, parecia que minha provação de outubro a janeiro era contada em uma língua desconhecida. Depois vinham os coros. *Wohin! Wohin!* Um horizonte imenso se abria, a cozinha da passagem Cardinet, a sonda e o sangue se fundiam no sofrimento do mundo e na morte eterna. Eu me sentia salva.

Eu andava pelas ruas com o segredo da noite do dia 20 ao 21 de janeiro em meu corpo, como uma coisa sagrada. Não sabia se tinha estado à beira do horror ou da beleza. Sentia orgulho. Provavelmente o mesmo dos navegantes solitários, dos drogados e ladrões — o de ter ido até onde os outros jamais pensariam em ir. Com certeza foi algo desse orgulho que me fez escrever este texto.

Certa noite, O. me levou para uma pequena festa. Me sentei no fundo do subsolo, e olhava os outros dançarem, espantada com o prazer que sentiam e cuja intensidade ainda revejo no rosto resplandecente de Annie L., de vestido de lã branco, na moda naquele inverno. Eu era a convidada deslocada em um ritual cujo sentido me era desconhecido.

Numa tarde, acompanhei um estudante de medicina, Gerard H., até seu quarto na rua Bouquet. Ele tirou meu suéter e meu sutiã, eu via meus seios achatados e flácidos — tinham estado cheios de leite duas semanas antes. Gostaria de ter falado disso e da sra. P.-R. Não quis mais nada com esse rapaz. Apenas comemos o bolo que a sua mãe tinha feito.

Numa outra tarde, entrei em uma igreja, Saint-Patrice, perto do boulevard de la Marne, para dizer ao padre que eu tinha abortado. Logo em seguida, me dei conta do meu erro. Eu me sentia na luz e para ele eu estava no crime. Ao sair, soube que o tempo da religião tinha acabado para mim.

Mais tarde, em março, na biblioteca revi Jacques S., o estudante que havia me acompanhado até o ônibus, quando fui pela primeira vez ao ginecologista. Ele me perguntou em que ponto estava minha monografia. Saímos em direção à entrada. Como de costume, ele dava voltas em torno de mim enquanto falava. Ia entregar em maio sua monografia sobre Chrétien de Troyes e parecia surpreso que eu ainda estivesse no começo da minha. Com meias-palavras, o fiz compreender que eu havia feito um aborto. Foi talvez por ódio de classe, para desafiar aquele filho de diretor de fábrica que falava dos operários como se fossem de outro mundo, ou por orgulho. Quando captou o sentido das minhas palavras, ele ficou imóvel, me encarou com os olhos dilatados, atordoado por uma cena invisível, atormentado por uma fascinação que eu sempre vejo nos homens, nas minhas lembranças.* Ele repetia, desorientado, "tiro meu chapéu, minha cara! Tiro meu chapéu!".

Voltei ao consultório do dr. N. Depois de um exame minucioso, ele me disse sorrindo, num tom de elogio e satisfação, que eu tinha me "saído bem". Sem perceber, também ele me incitava a transformar a violência vivida em uma vitória individual. Me ofereceu um diafragma como meio de contracepção a ser colocado no fundo da vagina e dois tubos de gel espermicida.

Não devolvi a sonda à sra. P.-R. Achava que, pelo preço que pagara, podia evitar isso. Um dia peguei o carro dos meus pais e fui jogá-la numa mata à beira da estrada. Mais tarde me arrependi desse gesto.

* E que eu logo reconheci em John Irving, em seu romance *As regras da casa de sidra*. Sob a máscara de um personagem, ele olha as mulheres morrendo em abortos clandestinos atrozes, depois as ajuda a abortar propriamente em uma clínica modelo ou educa a criança que elas abandonam após o parto. É um sonho de sangue e de glória em que ele conquista e regulamenta o poder sobre a vida e a morte das mulheres. (N.A.)

Não sei quando voltei ao mundo que chamamos normal, essa formulação vaga mas cujo sentido todo mundo entende, quer dizer, o mundo em que ver uma pia brilhante ou a cabeça dos passageiros em um trem não provoca mais questões nem dores. Comecei a escrever minha monografia. Cuidava de crianças à noite e trabalhava como telefonista para um cardiologista para reembolsar aos poucos o dinheiro do aborto. Fui ao cinema ver *Charada* com Audrey Hepburn e Cary Grant, e *Peau de banane* [Casca de banana], com Jeanne Moreau e Belmondo, filmes que não me deixaram nenhuma lembrança. Cortei o cabelo, troquei os óculos por lentes, que pareciam tão difíceis de se ajustar nos olhos quanto botar o diafragma no fundo da vagina.

Nunca mais vi a sra. P.-R. Nunca mais parei de pensar nela. Sem saber, essa mulher provavelmente gananciosa — mas com uma casa pobre — me arrancou de minha mãe e me jogou no mundo. É a ela que eu deveria dedicar este livro.

Durante anos, a noite do dia 20 ao 21 de janeiro foi um aniversário.

Sei hoje que eu precisava dessa provação e desse sacrifício para desejar ter filhos. Para aceitar essa violência da reprodução no meu corpo e me tornar, por minha vez, lugar de passagem das gerações.

Terminei de pôr em palavras isso que se revela para mim como uma experiência humana total, da vida e da morte, do tempo, da moral e do interdito, da lei, uma experiência vivida de um extremo a outro pelo corpo.

Eliminei a única culpa que senti a respeito desse acontecimento — que ele tenha acontecido comigo e que eu não tenha feito nada dele. Como um dom recebido e desperdiçado. Pois, para além de todas as razões sociais e psicológicas que pude encontrar naquilo que vivi, existe uma da qual estou mais certa do que tudo: as coisas aconteceram comigo para que eu as conte. E o verdadeiro objetivo da minha vida talvez seja apenas este: que meu corpo, minhas sensações e meus pensamentos se tornem escrita, isto é, algo inteligível e geral, minha existência completamente dissolvida na cabeça e na vida dos outros.

HOJE DE TARDE, VOLTEI À PASSAGEM Cardinet, no 17º arrondissement. Preparei meu itinerário com um mapa de Paris. Queria encontrar o café onde havia esperado até dar a hora de ir para a casa da sra. P.-R. e a igreja na qual tinha ficado por um bom tempo, Saint-Charles-Borromée. No mapa, só aparecia a Saint-Charles-de-Monceau. Achei que talvez fosse a mesma, que tivesse mudado de nome. Desci na estação Malesherbes e andei até a rua de Tocqueville. Eram por volta de quatro horas e fazia muito frio sob um baita sol. Na entrada da passagem Cardinet, haviam posto uma placa nova. Deixaram a antiga, escura, ilegível. A rua estava vazia. Na fachada de um imóvel, no nível da rua, havia um grande letreiro, "Associação dos sobreviventes dos campos nazistas e dos deportados do departamento de Seine-et-Oise". Não me lembrava de já tê-lo visto.

Cheguei ao número da sra. P.-R. Parei diante da porta, que estava fechada e só podia ser aberta com um código digital. Avancei pelo meio da rua, olhando em direção ao fundo, a fenda de luz entre os muros. Não cruzei com ninguém e nenhum carro passou. Tinha a impressão de reproduzir os gestos de um personagem sem sentir nada.

No final da passagem Cardinet, virei à direita e procurei a igreja. Era Saint-Charles-de-Monceau, e não Borromée. Dentro, havia uma estátua de santa Rita e supus que deveria ter acendido uma vela para ela naquele dia, porque dizem que era a santa das "causas impossíveis". Peguei a rua de Tocqueville. Fiquei me perguntando em qual café eu havia esperado a hora do meu compromisso, tomando um chá. Por fora, nenhum deles me dizia nada, mas eu tinha certeza de que reconheceria se visse o banheiro, no subsolo, até onde desci logo antes de ir para a casa da sra. P.-R.

Entrei no café Brazza. Pedi um chocolate e peguei as redações que tinha para corrigir, mas não li nem uma linha. Dizia a mim mesma, sem parar, que devia ir até o banheiro. Dois jovens se beijavam, inclinados sobre a mesa. Acabei me levantando e perguntei ao garçom onde era o banheiro. Ele apontou para a porta no fundo do café. Dava diretamente para um cubículo com uma pia, um espelho, à direita uma segunda porta, do vaso sanitário. Era um banheiro turco. Não consegui lembrar se o do café de 35 anos antes era assim. Na época, não era um detalhe que chamaria minha atenção, quase todos os banheiros públicos eram assim: um buraco no cimento com um espaço de cada lado para apoiar os pés e se agachar.

Na plataforma da estação Malesherbes, pensei que tinha voltado à passagem Cardinet acreditando que fosse me acontecer alguma coisa.

De fevereiro a outubro de 1999

FSC
www.fsc.org
MISTO
Papel | Apoiando
o manejo florestal
responsável
FSC® C011095

A marca FSC® é a garantia de que
a madeira utilizada na fabricação
do papel deste livro provém de
florestas gerenciadas de maneira
ambientalmente correta, socialmente
justa e economicamente viável e de
outras fontes de origem controlada.

INSTITUT FRANÇAIS

AMBASSADE DE FRANCE AU BRÉSIL
Liberté
Égalité
Fraternité

Cet ouvrage a bénéficié du soutien des Programmes d'aides à la publication de Institut Français. [Este livro contou com o apoio à publicação do Institut Français.]

Título original: *L'événement*

EDITORAS Rita Mattar e Maria Emilia Bender
ASSISTENTE EDITORIAL Mariana Correia Santos
PREPARAÇÃO Leda Cartum
REVISÃO Eduardo Russo e Paula B. P. Mendes
DIRETORA DE ARTE Julia Monteiro
CAPA Bloco Gráfico
IMAGEM DA CAPA Arquivo privado de Annie Ernaux (direitos reservados)
PROJETO GRÁFICO Alles Blau
EDITORAÇÃO ELETRÔNICA Página Viva

Dados Internacionais de Catalogação na Publicação (CIP)
(Câmara Brasileira do Livro, SP, Brasil)

Ernaux, Annie
O acontecimento / Annie Ernaux ; tradução Isadora de Araújo Pontes. — 1. ed. — São Paulo : Fósforo, 2022.

Título original: L'événement
ISBN: 978-65-89733-55-3

1. Aborto — França 2. Ernaux, Annie, 1940- 3. Escritoras francesas — Autobiografia I. Título.

22-98915 CDD — 848.092

Índice para catálogo sistemático:
1. Escritoras francesas : Autobiografia 848.092

Eliete Marques da Silva — Bibliotecária — CRB-8/9380

1ª edição
3ª reimpressão, 2023

Editora Fósforo
Rua 24 de Maio, 270/276, 10º andar, salas 1 e 2 — República
01041-001 — São Paulo, SP, Brasil — Tel: (11) 3224.2055
contato@fosforoeditora.com.br / www.fosforoeditora.com.br

Este livro foi composto em GT Alpina e
GT Flexa e impresso pela Ipsis em papel
Pólen Bold 90 g/m² da Suzano para a
Editora Fósforo em julho de 2023.